최고의 장군은 나야, 나!

장군 열전

최고의 장군은 나야, 나!
장군 열전

초판 1쇄 발행 | 2022년 12월 25일

글쓴이 | 이향안
그린이 | 허현경
감수자 | 김창겸

펴낸이 | 조미현
책임편집 | 황정원
디자인 | 나비

펴낸곳 | (주)현암사
등록 | 1951년 12월 24일 · 제10-126호
주소 | 04029 서울시 마포구 동교로12안길 35
전화 | 02-365-5051 · 팩스 | 02-313-2729
전자우편 | child@hyeonamsa.com
홈페이지 | www.hyeonamsa.com
블로그 | blog.naver.com/hyeonamsa
인스타그램 | www.instagram.com/hyeonam_junior

ⓒ 이향안, 허현경 2022

ISBN 978-89-323-7583-0 73900

- 이 책은 저작권법에 따라 보호를 받는 저작물이므로 저작권자와 출판사의 허락 없이
  이 책의 내용을 복제하거나 다른 용도로 쓸 수 없습니다.
- 책값은 뒤표지에 있습니다. 잘못된 책은 바꾸어 드립니다.
- 현암주니어는 (주)현암사의 아동 브랜드입니다.

제품명 도서 | **전화번호** 02-365-5051 | **제조년월** 2022년 12월 | **제조국명** 대한민국
제조자명 (주)현암사 | **사용연령** 9세 이상 | **주소** 서울시 마포구 동교로12안길 35
주의사항 책 모서리에 부딪히거나 종이에 베이지 않도록 주의해 주세요.
KC 마크는 이 제품이 공통안전기준에 적합하였음을 의미합니다.

최고의 장군은 나야, 나!

장군 열전

이향안 글 · 허현경 그림 · 김창겸 감수

현암
주니어

차례

고구려

사랑이라면 내가 최고! **온달 장군** 8
전략이라면 내가 최고! **을지문덕** 16
버티기라면 내가 최고! **양만춘** 24
자부심이라면 내가 최고! **연개소문** 34
| 우리도 고구려 장군이거든! | 42
| 나도 고구려 출신 장군이거든! **고선지** | 44

신라

꾀라면 내가 최고! **이사부** 46
추진력이라면 내가 최고! **김유신** 52
해적 소탕이라면 내가 최고! **장보고** 60
| 우리도 신라 장군이거든! | 66

백제

꼼수에선 내가 최고! **윤충** 68
결연한 의지로는 내가 최고! **계백** 74
| 우리도 장군 못지않다고! | 82

발해

선제공격이라면 내가 최고! **장문휴** 84

고려

지혜로는 내가 최고! **강감찬** 90
오뚝이 정신이라면 내가 최고! **윤관** 98
해외파 장군이라면 내가 최고! **이용상** 102
무기 개발이라면 내가 최고! **최무선** 108
강직하기로는 내가 최고! **최영** 114
| 우리도 고려 장군이거든! | 122

조선

억울하기로는 내가 최고! **남이** 124
힘이라면 내가 최고! **최윤덕** 130
과학이라면 내가 최고! **이천** 136
명성이라면 내가 최고! **이순신** 140
아이디어라면 내가 최고! **권율** 150
| 의병장도 장군이거든! 백성들의 장군! | 156
의리로는 내가 최고! **임경업** 158
장렬함으론 내가 최고! **어재연** 162
| 우리도 조선의 장군이거든! | 168
| 우리도 장군으로 불렸거든! 독립군들의 대장! | 170

작가의 말

마음속 최고의 장군은 누구야? 175

아하! 이름 좀 날렸다, 하는 장군님들이 다 모였네.
모두들 자기가 최고의 장군이라며 뽐내고 있어.
장군이란 '군의 우두머리로, 군을 지휘하고
통솔하는 무관'을 말해.
과연 누가 최고의 장군일까?

뭐래?
우리나라 역사에서
최고의 장군은
나거든.

고구려

온달 장군

사랑이라면 내가 최고!

짜잔! 내 이름은 온달! 고구려의 장군이야. 뭐? 사랑 스캔들에나 나올 법한 이름이 왜 장군들 속에 있냐고? 모르는 소리! 나는 말이야, 전쟁사에 당당히 이름을 올린 고구려 장군이거든. 뭐? 바보 아니었냐고? 그건 오해야, 오해! 내 이야기 좀 들어 봐.

생몰 연대 → ?~590년

닉네임 → 사랑장군

특징 → 반전의 귀재! 순하다가도 적과 싸울 때는 표범처럼 사나워지는 반전 얼굴. 바보 온달에서 왕의 사위가 되고, 장군이 된 반전 인생!

인물 관계도

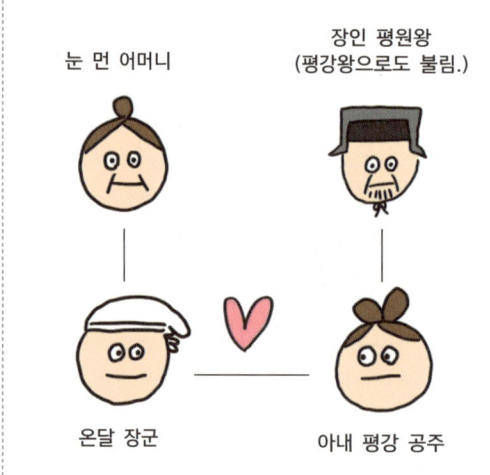

특이 사항 → 고구려 최대의 스캔들 '온달과 평강 공주'의 주인공!

강점 → 때를 알고 나설 줄 아는 빠른 판단력!

단점 → 평강 공주 앞에서는 무조건 복종!

대표 전투 → 577년 요동 땅에서 벌어진 고구려와 중국 전투

대표 업적 → 위 전투에서 선봉장으로 용맹하게 싸움.

최애 무기 아이템 → 평강 공주와 함께 단련시켜 길러 낸 명마, 날렵하기로 소문난 무적의 칼! 한 방에 적의 목을 쳐 내는 노련한 칼 솜씨

바보가 장군이 되기까지!

나는 어릴 적 눈먼 어머니를 봉양하기 위해 구걸을 했어. 내 힘으로 어머니를 돌보는 게 자랑스러워서 늘 웃고 다녔지. 그랬더니 사람들이 "구걸하면서도 웃는 바보! 바보 온달!" 하며 놀리더라고.

한데 하루는 생각지도 못한 일이 벌어졌어. 우리 집에 공주님이 나타난 거야. 세상에! 나랑 혼인을 하겠다면서 말이야. 공주님이 나를 찾아온 사연은 아래와 같았어.

헐, 처음에는 여우가 인간으로 탈바꿈해서 나를 홀리려는 줄 알았다니까.

하지만 결국 공주의 진심을 깨닫고 부부가 되었지.

평강 공주는 아주 영특했어. 궁궐을 나올 때 챙겨 온 패물을 팔아서 집과 땅을 마련한 공주는 이제 먹을거리 걱정은 없으니 내게 공부를 하라지 뭐야.

말도 한 필 사 오라더니 그 말을 타고 무술을 갈고닦으라는 거야. 분명히 써먹을 때가 있을 거라고!

역시! 공주의 예상은 적중했어. 고구려에서는 해마다(3월 3일) 임금님과 신하, 병사 들이 낙랑 언덕에서 사냥을 하고 신에게 제사를 지내는 행사가 있는데, 그날이 다가온 거야. 임금님에게 내 무술 실력을 선보일 절호의 찬스!

난 그간 닦은 실력으로 가장 많은 짐승을 사냥했지.

임금님은 나를 불러 물었어.

"훌륭하도다! 네 이름이 무엇이냐?"

"온달이옵니다!"

햐! 그 순간 놀라던 임금님의 표정이라니!

그 공으로 난 당당히 고구려의 장수가 되었어. 그리고 나라를

위해 나설 기회가 생겼지. 577년, 중국 북주의 무제가 국경 지역인 요동 땅을 침략해 온 거야.

드넓은 배산 들녘에서 벌어진 고구려와 중국의 한판 전투!

난 잘 길들여진 말과 칼을 들고서 선봉장으로 나섰어. 앞장서 달려 나가 적군 수십 명의 목을 베어 버린 거야.

"돌격하라!"

우리 고구려군의 사기는 하늘을 찌를 듯했지. 결국 치열한 전투 끝에 우리는 큰 승리를 거두고 돌아왔어.

임금님은 두 팔을 활짝 벌려 나를 맞아 주셨지.

"어서 오게, 온달 장군. 그대는 내 자랑스런 사위로다! 하하하!"

평강 공주의 사랑과 인내가 없었다면 이룰 수 없는 결과였지.

어때? 이 정도면 사랑으론 내가 최고 장군이지! 흠! 흠!

인터뷰	평강 공주가 말하는 온달 장군!

아나운서 온달 장군님이 용맹한 장군이었단 사실은 잘 알고 있습니다. 하지만 『장군 열전』에 나올 정도의 업적은 없는 것 같은데, 공주님은 어떻게 생각하시나요?

평강 공주 물론 고구려를 대표할 정도의 큰 전투에서 승리를 거둔 건 아니에요. 하지만 우리 온달 장군님도 중국과의 전쟁에서 큰 승리를 거둔 사실은 인정받을 만하지요. 그리고 장군을 업적만으로 평가하는 건 옳지 않다고 생각해요. 장군이 되고 인정을 받을 수 있게 된 과정을 평가하는 것도 중요하지 않을까요?

아나운서 아! 그렇군요. 온달 장군님은 남다른 과정을 겪으며 장군이 되었다고 들었습니다. 그럼 바보로 불리던 온달 님이 장군이 되기까지의 과정을 좀 들려주시겠어요?

공주 바보로 불릴 정도로 착하고 순한 분이 바로 우리 온달 님이에요. 하지만 전 그분의 내면 깊숙이 맹수 같은 용맹함과 정의감이 숨어 있단 걸 단박에 알아봤답니다. 그래서 말을 사 오게 하고 무술을 단련하도록 용기를 주었지요. 무술의 '무' 자도 모르던 분이 사냥 대회에서 1등을 하기까지의 과정은 뼈를 깎는 노력과 고통의 시간이었어요. 그래도 온달 님은 단 한 번도 포기하지 않고 굳건히 실력을 키워 나갔답니다. 바보에서 장수가 되어 간 시간! 그 과정은 그 자체가 감동이었어요. 그만큼 엄청난 가능성을 가진 분이에요. 그것만으로도 이 책에 기록되기에 충분하지 않을까요?

 **온달 장군**

♡ 💬 ➤   🔖

좋아요 590개

속보, 아단성 전투에서 온달 장군 전사!
신라와 고구려의 전투에 앞장선 온달이 적의 화살을 맞고 쓰러짐. ..... 더 보기

#온달 #평강공주 #아단성전투 #온달장군전사 #신라고구려전투 #평강공주실신

댓글 보기

　🙂 안 돼! 안 돼! 평강 공주님은 어떡하라고!
　🙂 세상에! 어떡해.
　🙂 마지막 순간에도 공주님을……. ㅠㅠ
　🙂 온달 장군님은 신라가 빼앗아 간 한강 북쪽 지역을 되찾겠다며 영양왕에게 출병을 청했다고 들었어요.
　　 바로 그 아단성 전투에서 적의 화살에 맞아 전사하시다니. ㅠㅠ
　🙂 온달 장군님의 명복을 빌어요.
　🙂 고마워요, 온달 장군님! 당신은 고구려를 위해 목숨을 바친 명장이세요.

　🙂 댓글 달기...   게시

을지문덕

전략이라면 내가 최고!

대담한 전략과 지략으로 수나라 30만 대군을 물리친 전설의 살수 대첩! 바로 그 살수 대첩의 주인공이 바로 나, 을지문덕이야. 내 이름은 다들 알겠지? 고구려 역사 속 명장 중의 명장! 지금부터 그 명성을 만들어 낸 살수 대첩의 현장으로 데려가 줄게.

생몰 연대 → ?~?

닉네임 → 전략의 명수

특징 → 용맹무쌍해 보이는 풍채에 깊이 있는 눈빛! LTE급 빠른 두뇌 회전! 전투 상황을 잽싸게 파악해 빠른 판단력으로 적을 함정에 몰아넣는 최고의 전략가

인물 관계도

특이 사항

신비주의! 살수 대첩 말고는 자신을 노출하지 않는 신비주의 전략으로 개인 정보 노출이 거의 없음.

을지로 을지문덕 장군의 이름을 따 거리 이름을 '을지로'라 지음.

을지문덕 군함 국내 기술로 설계하고 제작한 군함

대표 전투 → 살수 대첩

강점 → 능수능란한 지략가! 적의 심리를 교란시키는 고도의 심리전!

의외의 장기 → 시인으로도 손색없을 시 쓰기 실력

대표 업적 → 살수 대첩으로 수나라 30만 대군을 몰살시켜 수나라를 멸망에 이르게 한 고구려의 대표 장수

최애 무기 아이템 → 철갑으로 무장한 명마. 먼 곳에 있는 적군까지 한 방에 찌를 수 있는 5미터의 긴 창

살수 대첩이라고 들어는 봤나?

고구려 최고의 전투로 남은 살수 대첩! 그 이야기를 하려면 일단 시대 상황부터 알아야 해. 당시 중국은 여러 나라로 분열되어 있었는데, 수나라가 중국을 통일하면서 엄청난 대국으로 성장했어.

그런데 612년, 수나라 황제 양제가 우리 고구려를 공격하기 시작한 거야. 113만 대군이라는 어마어마한 군사에 성벽까지 부술 수 있는 최첨단 무기 포차까지 끌고서 말이야.

하지만 우리 고구려가 그렇게 만만할 리 없지.

수나라는 우리 군사들이 목숨을 걸고 지키는 요동성을 뚫지 못한 채 패배하고 말았어.

화가 머리끝까지 오른 수양제는 장수 우중문과 우문술에게 명령했지.

"삼십만 명의 별동대를 끌고 가 평양성을 공격하고 고구려를 부숴 버려라!"

수나라 최고 장수 우중문과 나, 을지문덕의 피할 수 없는 한판 승부가 시작된 거야.

난 바로 수나라군의 전투력 분석에 돌입했지.

'음. 지난 전쟁 상황을 분석해 보면 수나라는 막무가내 군단이야. 막무가내로 인원수로만 밀어붙이지, 치밀한 작전이 없어. 병사 수는 우리가 밀리지만 작전만 잘 짜면 승산이 있어! 그렇다면……'

작전 1 ▶ 거짓 항복 작전!

거짓 항복하고 적진에 들어가 적의 상황 파악! 먼 길 온 수나라 군사들은 굶주리고 지쳤어. 이럴 땐 배 쫄쫄 굶기기 작전 돌입!

작전 3 ▶ 평양성 유인 작전!

잘 아는 내 땅에서 싸우는 게 유리한 법! 살수를 지나 평양성 30리 밖까지 유인 성공!

나 여기 있지롱~

평양성 30리 밖

작전 2 ▶ 배 쫄쫄 굶기기 작전!

거짓 항복임을 깨닫고 뒤늦게 쫓아온 적들. 하루에 일곱 번씩 싸우고 도망가기를 반복해 수나라 군사들 기운 쏙쏙 빼먹기.

에구! 고구려 군사들 미꾸라지 같아. 우리 배고프고 지친다구.

꼬르륵

작전 4 ▶ 본격 작전 돌입 전

적장 우중문에게 시 보내기.

우중문

나는 이렇게 작전을 짜 패배한 척하고는 적장 우중문에게 시를 한 수 보냈어.

아, 신기한 그대의 책략은 하늘을 꿰뚫었고,
오묘한 전술은 땅의 이치를 알았도다.
싸움에서 이긴 공이 이미 높으니,
만족을 알고 그만두기를 바라노라.

캬! 기막힌 이 시문 좀 봐. 겉으로는 우중문을 칭찬하는 듯해도 속뜻은 '혼나기 전에 빨리 네 나라로 돌아가!'라는 의미잖아.

그제야 술수에 빠진 걸 알아차리고 기겁한 우중문은 바로 군사를 몰아 되돌아가려 했지.

하지만 내가 누구야. 명장 을지문덕이거든.

벌써 수나라 군사가 되돌아갈 길목인 살수(지금의 청천강)에 군사들을 배치해 뒀지.

드디어 마지막 작전 돌입!

"수나라 삼십만 대군을 쓸어 버려라!"

마지막 작전에 우리 고구려의 최강 군사들이 모두 투입됐어.

짜잔~ 최강 고구려의 병사들을 보시라!

철갑 기병대가 적진을 파고들어 수나라군을 흩어트리면, 놀란 수나

라 군사들을 향해 활을 날리는 궁수들! 동시에 방패와 창으로 무장한 창수들의 공격! 그렇게 수나라 군사들을 살수로 몰아넣었지.

 수나라군은 강물에 휩쓸려 허우적허우적! 그나마 강을 빠져나와 도망가는 수나라군마저 기병대가 쫓아가 공격!

 그야말로 완전 대승이었지.

 어때? 이 정도면 내가 최고의 장군 아니겠어?

 전략에 있어 최고의 장군이라면 나, 을지문덕이라고! 흠! 흠!

 을지문덕 장군

좋아요 612개

살수 대첩 그 후! 고구려는 승승장구! 수나라는 멸망의 길로! .... 더 보기

#살수대첩 #고구려승리 #수나라멸망 #고구려장하다 #을지문덕멋져요

댓글 보기

- 쌤통이다, 쌤통! 살수 대첩에서 살아남은 수나라 군사는 고작 2,700여 명이라더니, 그 충격으로 멸망까지 이르게 됐구만.
- 그 후에도 계속 우리 고구려를 침략해 왔었지. 계속 실패하더니만 국력은 쇠약해지고 민란이 들끓는다는 소문이 자자했잖아.
- 과유불급! 과한 욕심을 부리더니, 쯧쯧! 저렇게 망할 줄 알았지! 알았어!
- 역시! 을지문덕 장군님과 우리 고구려 군사가 진리!
- 장군님과 병사들에게 박수!! 짝짝!
- 우리 수나라는 망했다! 괜히 고구려 욕심내서 미안해! 꺽! 꺽!

댓글 달기... 게시

양만춘

버티기라면 내가 최고!

싸움에서 절대 당할 수 없는 상대가 누군지 알아? 바로 버티고! 버티고! 또 버티는 사람이야. 바로 나처럼 말이야. 나로 말할 것 같으면 버티기 하나로 당나라의 침입을 막아 낸 안시성의 성주 양만춘 장군! 안시성 전투의 현장으로 따라와 봐! 버티기의 진수를 보여 줄게.

생몰 연대 → ?~?

닉네임 → 버티기짱

특이 사항 → 아이큐 150의 머리에서 나오는 교묘한 버티기 전략. 멘사(지능 검사에서 고도의 지능 지수가 나온 사람들의 모임) 출신이란 소문이 있음.

양만춘 뇌 구조

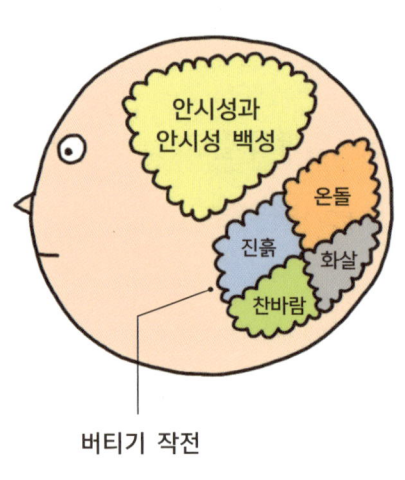

특징 → 역대 안시성 성주 중 최고의 인기! 고구려에서 열린 '최고 인기 성주 투표'에서 당당히 1등!

강점 → 위기 앞에서 더 강해지는 판단력과 결단력! 어떤 위기와 유혹에도 흔들리지 않는 평정심!

단점 → 버티기로 일관된 삶에서 나온 지나친 우직함. 뒤로 물러나는 법을 모름.

대표 전투 → 안시성 전투

대표 업적 → 당나라의 침입에서 안시성을 지켜냄.

최애 무기 아이템 → 성 아래 적군을 향해 칼날처럼 날아가는 화살!

버티기의 최고봉은 역시 안시성 전투지!

우리 안시성은 말이야, 고구려 최전방에 위치한 성으로 그 중요성이 엄청나. 안시성이 적의 손에 들어간다는 건, 고구려가 절체절명의 위기에 빠진다는 뜻이거든. 그러니 성주인 나, 양만춘의 각오는 특별할 수밖에 없지.

"어떤 적이 와도 절대 물러서지 않는다! 무조건 버틴다!"

그런데 중국에서 수나라에 이어 들어선 당나라가 645년, 우리 고구려를 쳐들어왔지 뭐야. 당 태종이 직접 10만이 넘는 군대를 이끌고서 말이야.

허둥지둥 달려온 군사가 전한 소식은 절박했어.

"장군, 사비성에 이어 요동성까지 무너졌답니다."

그렇다면 다음은 바로 우리 안시성!

"우리마저 무너지면 놈들은 압록강을 넘어 바로 수도 평양성까지 돌진할 것이야. 그건 절대 안 되지! 무조건 막아야 해! 빨리 궁궐에 이 소식을 알리고 군대를 보내 달라고 해라!"

헐! 한데 이를 어째? 우릴 돕기 위해 오던 군사들마저 당나라 군대에 당하고 말았다지 뭐야.

안시성 안의 군대만으로 무지막지한 당나라군에 맞서야 하는 외로운 싸움!

특별한 무기도 없어! 막강한 군대도 없어! 있는 거라곤 한마음으로 똘똘 뭉친 백성과 군대! 그리고 나라를 지키고자 하는 굳센 의지뿐!

"우리 성이 무너지면 고구려가 무너진다! 무조건 성을 지켜야 한다!"

이럴 때 쓸 수 있는 작전은 단 하나! 버티기!

버티는 건 쉽지 않느냐고? 모르는 말씀!

버티기에는 바늘 틈조차 빠져나갈 곳이 없는 치밀한 작전과 준비가 필요해. 버틸 힘이 있어야 버텨 낼 거 아냐. 난 바로 버티기 작전을 위한 준비에 들어갔지.

버티기 작전 준비!

성벽 점검
"당나라는 포차를 이용해 돌로 지은 성벽을 부수지. 하지만 우리 성벽은 포차에도 무너지지 않는 진흙으로 만들었다고. 하하하!"

불화살 공격 대비 점검
성안 나무를 몽땅 베고 진흙을 발라 불화살 공격에도 불이 나지 않게 대비!

식량 점검
우물의 물과 식량 창고의 곡식을 살핌.

마지막 점검은 온돌!
집마다 온돌이 뜨끈뜨끈하게 잘 지펴지는지 꼭 살필 것. 왜냐고? 그건 작전이 개시되면 알려 줄게.

"작전 준비 끝!"

드디어 당나라 군대와의 전쟁이 시작되었어.
"절대 한 발짝도 물러서지 마라!"
버티기 작전이 시작된 거야.
당나라가 포차를 펑펑! 하지만 우리의 진흙 성벽은 끄떡없었어.
부서진 성벽은 백성들이 바로바로 수리 완료!
그러자 포차로는 안 된단 걸 깨달은 당나라군이 성벽에 구름사다리를 대고서 오르기 시작하네.
그럴 땐 화살이 최고지.
우리 군사들은 기어오르는 적을 향해 화살을 쑹! 쑹!
백성들은 돌멩이를 날려 적을 성벽에서 떨어뜨렸지.
어때? 이 정도니 당나라 군사들은 성벽 앞에서 발만 동동 구를밖에.
한데 당 태종도 보통내기는 아니더라고.
성을 부술 수 없게 되자 생각지도 못한 작전을 벌인 거야.
60일 동안 흙을 쌓아 안시성 성벽보다 높은 산을 만든 거지. 높은 산에서 안시성으로 내려오려는 작전이었어.
"으아악! 이를 어째!"
그런데 하늘은 우리 편이었어. 공격이 시작되려는 순간, 그 흙산이 와르르 무너져 버린 거야.

이때다! 싶었지.

우리 군사들은 재빨리 달려가 당황한 적을 몰아내고 산을 차지했어. 그리고 나무를 쌓고 불을 놓아 적이 못 오게 했어.

으하하하! 완벽한 승리!

그리고 산을 사이에 두고 다시 길고 긴 싸움이 시작되었지.

그사이 계절이 바뀌며 날씨가 추워지기 시작했어. 바로 내가 기다리고 기다리던 순간이지.

버티기 작전의 마지막 결정타!

고구려의 가을과 겨울은 몹시 춥기로 유명해. 그야말로 살을 에는 추위지.

이때 필요한 게 바로 온돌! 성안에서 따끈한 온돌로 추위를 버텨 내는 거야.

하지만 아무 준비가 안 되어 있던 당나라 군사들은 어떻겠어? 벌벌! 덜덜! 추위에 온몸은 꽁꽁! 바닥 난 식량 탓에 배에서는 연신 꼬르륵! 꼬르륵!

"더는 못 버티겠다!"

굶주림과 추위에 지친 당나라 군사들이 쓰러지기 시작했지.

결국 당 태종은 철수 명령을 내려야 했어. 우리 안시성 백성들은 환호성을 질렀고 말이야.

"와! 이겼다! 우리가 고구려를 지켜 냈다!"

버티기 작전의 완벽한 승리였어.

어때? 이 정도면 나, 양만춘이 버티기엔 최고 장군이라 할 만하지?

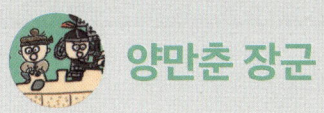 양만춘 장군

좋아요 649개

**고구려 안시성에서의 패배를 평생 괴로워하던 당 태종,
숨을 거두는 마지막 순간에 남긴 특별한 유언이 화제! .... 더 보기**

#당태종 #유언 #고구려건들지마 #내가졌소 #양만춘은못이겨

댓글 보기

- 에구구! 유언이라니! 그러지마~ 그러지마~
- 쯧쯧! 얼마나 무서웠으면 다신 우리 고구려를 치지 말라고 했을꼬!
- 안시성 싸움 당시 당 태종이 성에서 날아온 화살에 눈을 맞아 한쪽 눈을 잃었다는 소문이 사실인가 봐.
- ㅋㅋ 사실 막무가내로 버티는 것보다 무서운 게 없지. 그러고 보면 버티기 작전은 최고 중의 최고 작전이었어.
- 양만춘 장군님 사랑해요!!
- 제발 유언을 따라서 우리 땅엔 발톱도 디디지 마!!
- 그럴 리 없지. 유언은 유언이고 욕심은 욕심! 놈들이 또 우릴 공격해 온다에 손가락 건다.

댓글 달기...   게시

연개소문

자부심이라면 내가 최고!

당나라건 뭔 나라건 다 덤벼! 하나도 겁나지 않으니까! 광개토대왕 이후, 우리 고구려는 불굴의 군사력을 가진 세계 최강 국가거든.
이렇게 강한 나라를 만든 데는 나, 연개소문도 큰 몫을 했다고! 흠! 흠! 세계 최강 고구려!! 고구려에 대한 자부심으로 똘똘 뭉쳤던 나의 삶! 지금부터 그 이야기를 들려줄게.

생몰 연대 → ?~ 666년

닉네임 → 최강 카리스마

특징 → 고구려의 최고 금수저 집안 출신. 할아버지와 아버지가 모두 고구려 최고 벼슬인 대대로를 지냄. 당나라에서는 무시무시한 사람으로 평가. 중국 경극에 엄청 무서운 주인공으로 등장할 정도

연개소문 뇌 구조

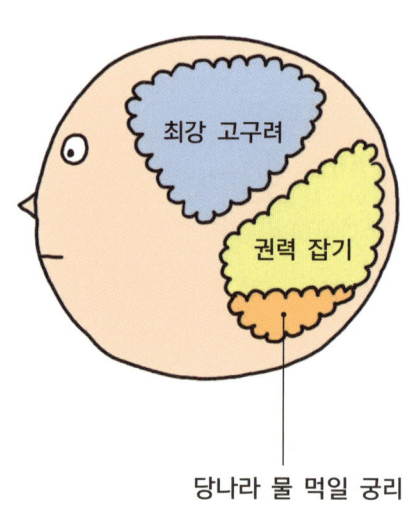

- 최강 고구려
- 권력 잡기
- 당나라 물 먹일 궁리

특이 사항 → 강한 리더십! 하지만 지나친 권력욕과 리더 정신으로 오히려 적을 만들기도 함. 백성들의 의견도 '훌륭한 지도자', '권력만 좇는 자'란 평으로 완전 갈림.

강점 → 찬스에 최강! 기회가 오면 망설임 없이 절대 놓치지 않고 잡아채는 대단한 감!

단점 → 지나친 권력욕. 왕도 막 갈아치우며 권력을 휘두름.

대표 전투 → 사수 전투

대표 업적 → 천리장성을 축조하고 당나라와의 전쟁을 승리로 이끔.

최애 무기 아이템 → 몸에 항상 가지고 다니던 다섯 자루의 칼

전설의 사수 전투!

나를 두고 어떤 사람들은 임금을 죽이고 권력을 차지한 무서운 사람이라고 해. 하지만 그건 오해야! 오해!

다 그만한 이유가 있었거든. 우리 고구려를 사랑하는 마음에서 어쩔 수 없이 한 일이었다고!

안시성 전투가 벌어지기 전, 당나라는 호시탐탐 우리 고구려를 노렸어. 주변 국가를 모두 차지한 뒤 고구려까지 차지해 최강 국가가 되려고 말이야.

그럼 어떡해야겠어? 군사력을 길러 당나라를 쳐부술 준비를 해야지!

한데 왕의 생각은 다르지 뭐야.

"당나라는 우리보다 힘이 강하니 적당히 눈치나 보며 잘 지내는 게 좋소."

그래도 난 계속 싸워야 한다고 주장했어.

그러자 영류왕과 귀족들은 나를 국경의 천리장성을 쌓는 곳에 책임자로 보내 버렸어. 외지로 보내 자신들과 다른 의견을 내지 못하도록 한 거야. 그것도 모자라서 아예 나를 제거할 음모까지 꾸몄지 뭐야.

하지만 절대 그냥 당하고 있을 내가 아니지!

"이참에 비겁한 왕을 몰아내고 새로운 왕을 앉혀야 해."

난 곧바로 '새 왕 만들기 작전'에 돌입했지.

캬! 다시 생각해도 놀랄 만큼 완벽한 작전이었어.

뭐? 권력을 차지하는 일에나 치밀한 작전을 사용한 거 아니냐고?

모르시는 말씀! 이렇게 치밀한 고도의 작전은 우리 고구려를 지키는 전투에 더 멋지게 사용했거든. 들어 봐.

그 뒤 내가 왕을 죽였단 소문을 들은 당나라 태종은 그 일을 꼬투리

삼아 우리 고구려로 쳐들어왔지 뭐야. 전쟁을 벌일 빌미를 찾던 참에 '요거다!' 싶었던 거지.

그래서 벌어진 게 바로 안시성 전투야. 그 전투는 양만춘 장군이 버티기 한판으로 완전 승리를 했단 건 알지? 당 태종은 다신 고구려를 침략하지 말란 유언까지 남기며 죽었고 말이야.

한데 문제는 당 태종이 죽고 왕이 된 당 고종이었어!

당 고종은 그 유언을 무시해 버렸거든. 마침 신라가 손을 내밀자 얼른 잡고서 백제를 무너뜨리더니, 바로 우리 고구려까지 쳐들어온 거야. 겁도 없이 말이지!

하지만 내가 누구야! 대고구려의 장군 연개소문이잖아. 바로 당나라와 맞설 최강의 군대를 보냈지.

"이놈들! 감히 우리 고구려를 노리다니! 고구려의 힘을 보여 주마!"

히야! 나라 사랑하는 내 마음을 알았는지 하늘도 우릴 도왔지 뭐야.

마침 중국에서 반란이 일어난 거야. 반란을 진압하려다 보니 당나라 군사 중 일부는 되돌아가는 일이 벌어진 거야.

오호라! 기회가 왔단 걸 딱 알아챘지.

"절대 이 기회를 놓쳐선 안 돼. 내가 직접 나서야겠군."

난 곧바로 달려가 전투 지휘에 나섰어.

"사수강 가에서 당나라 군대를 포위하라!"

내 지휘에 따라 평양성 근처인 사수강 가에서 우리 군대는 당나라 군사들을 포위했지. 적은 독 안에 든 쥐 꼴이 된 거야.

"한 명도 남기지 말고 모두 없애라!"

결국 당나라 장수와 군대는 폭망!

"와아!" 강가는 우리 고구려군의 함성으로 넘쳐 났지.

이 전투가 바로 전설의 사수 전투야. 살수 대첩, 안시성 전투와 함께 고구려의 3대 대첩으로 불리는 전투지.

우리 고구려에 대한 자부심과 믿음으로 일궈 낸 승리였어.

어때? 이 정도면 자부심에선 내가 최고 장군으로 불릴 만하지?

그런데 뭐? 나를 두고 혁명가라고도 하고, 반대로 역적이라고도 한다고?

신하로서 임금을 죽였으니 역적이라 말한다면 할 말은 없어.

하지만 난 큰 나라라는 이유로 작은 나라를 업신여기던 당나라에 맞서 제 목소리를 냈던 영웅이란 걸 기억해 줘. 그런 면에선 주체적이고 당당한 혁명가로 평가를 받아야 하지 않을까?

 **연개소문 장군**

좋아요 665개

죽는 순간에도 나라를 걱정했던 연개소문. 하지만 세 아들의 권력 다툼으로 나라는 분열! 신라와 당나라의 연합군에 고구려 멸망! .... 더 보기

#연개소문유언 #분열 #나당연합군 #고구려멸망 #내가뭐랬냐 #다투지말랬지

댓글 보기

 정말 피눈물 나네요. 세 형제가 똘똘 뭉쳤다면 우리 고구려가 삼국 통일을 이뤘을 거라고 확신!

분하다. 우리 고구려가 이렇게 허망하게 무너지다니!

당나라의 힘을 빌려 삼국을 통일한 신라! 난 비겁하다고 생각!!

— 헐! 우리 신라를 무시하다니! 나, 신라인! 괜히 망하고 나니 남 탓이네. 우리 신라가 삼국 통일하니까 배가 아픈 건 이해해. 그래도 비겁하다느니 하는 모략은 하지 말라고!

그래도 최강 군대를 자랑하던 고구려의 몰락은 너무 가슴 아프다는. ㅠㅠ

큰 힘을 자랑했던 고구려에 대한 자부심에는 나도 한 표! 강하고 멋진 나라였지!

댓글 달기... 게시

우리도 고구려 장군이거든!

괴유 키가 9척이나 되고 눈에서는 광채가 번쩍! 번쩍!

나로 말할 것 같으면, 고구려와 부여 사이에 전쟁이 벌어진 22년(고구려 대무신왕 시절)에 부여왕 대소의 목을 벤 대단한 장수야. 당시 우리 고구려군은 부여국 남쪽으로 진군해서 진흙 수렁이 많은 곳에 일부러 진영을 쳤어. 왜냐고? 그럼 부여군이 우릴 공격하려고 진흙 수렁으로 달려들 거 아냐. 진흙 함정을 만든 거지. 예상대로 부여군은 진흙에 빠져 허우적, 허우적!

바로 그때, 난 병력을 이끌고 돌진! 부여군을 일망타진하고, 나아가 부여왕까지 없애는 쾌거를 올렸지. 하하하!

밀우 동천왕 때 위나라가 두 차례나 우리 고구려를 침입해 왔어. 이를 어째? 수도까지 함락되고 왕의 목숨마저 위험한 위기 상황! 나는 결사대를 조직해서 왕을 추격하는 위나라 군사들과 맞서 왕을 구해 냈지.

유유 근데 말이야, 밀우 장군의 이야기에서 나 유유를 빼면 섭섭하지.

당시 난 동천왕을 호위하던 장수였거든. 근데 아무리 봐도 위나라 추격대를 막기 힘든 상황이지 뭐야. 이럴 땐 작전이 필요한 법!

난 거짓으로 항복하는 척하며 적진으로 들어갔어. 그리고 준비해 간 풍성한 음식을 대접했지. 기분이 좋아진 적군들은 완전 무장 해제! 그 순간, 난 그릇 속에 감추어 둔 단검으로 적장을 찔렀지. 동천왕은 그 틈을 이용해 반격을 개시해 적군들을 격퇴!

사실은 적장을 죽인 뒤에 나도 그곳에서 자결을 하고 말았어. 빠져나올 방법이 없었거든. 그래도 후회는 없어. 나라를 지키고 임금을 구했으니까 말이야.

고문 나는 고구려 마지막 왕인 보장왕 때의 장수야. 그래서 우리 고구려의 마지막 순간을 모두 지켜봐야 했지. 흑흑!

나도 고구려 출신 장군이거든! 고선지

중국 당나라에 고구려 출신 장군이 있었단 사실을 알고 있니?

바로 나 고선지가 그 주인공이야.

난 고구려 출신인데, 당나라 장군으로 활약했어. 왜냐고? 고구려가 멸망했기 때문이지.

고구려가 멸망하자, 우리 집안은 중국 안서 지역으로 강제 이주를 당했어. 그곳에서 태어난 나는 당나라 장군이 된 아버지를 따라 십 대부터 치열한 전투 현장에 참가했지.

그리고 스무 살이란 젊은 나이에 장군이 되었어. 달해부라는 곳에서 반란이 일어났는데, 군사를 이끌고 반란을 성공적으로 진압한 공로를 인정받았거든.

대단하다고? 용맹한 고구려의 후손이라면 이 정도는 뭐 누워서 떡 먹기지! 껄껄껄!

장군이 된 내게 특별한 명령이 떨어졌어.

"고선지 장군은 군사를 이끌고 가서 소발률국을 정복하라!"

소발률국은 서역의 교통 요지라서 당나라에 꼭 필요한 땅이었거든.

한데 소발률국을 치기 위해서는 파미르 고원을 넘어야 해. 파미르 고원은 누구나 벌벌 떠는 곳!

"으아악! 높이 오천 미터가 넘는 산맥과 절벽을 넘어간다고?"

"그건 죽음으로 가는 길이야!"

하지만 난 망설임 없이 1만여 명의 보병과 기병을 이끌고 원정길에 올랐어.

그리고 파미르 고원을 넘고 해발 7천 미터가 넘는 힌두쿠시 산맥의 동쪽에 이른 뒤, 연운보(와칸 계곡)에 집결한 적군과 맞붙어 싸워 소발률국을 정복했지.

그뿐이 아냐. 소발률국은 물론, 서역의 수많은 나라에서도 항복을 받아 내는 기염을 토했지.

어때? 이 정도니 당나라에서 명장 소리를 들을 만하지?

이와 같은 나의 서역 원정은 이후에도 두 번 더 이루어졌어. 모두 삼 차에 걸친 원정길! 사실 3차 원정이던 탈라스에서는 치열한 전투 끝에 결국 패배하기도 했어.

그렇다고 해도 난 절대 기죽지 않아. 왜냐고? 영국의 고고학자이자 탐험가인 스타인이란 사람이 이렇게 말했거든.

"고선지 장군이야말로 유럽이 낳은 어느 유능한 사령관보다 탁월한 전략과 통솔력의 소유자였다."

어때? 이 정도면 고구려의 용맹함을 당나라에서 펼쳐 보여 준 국제화 장군이라고 해도 되겠지? 그치?

신라

이사부

꾀라면 내가 최고!

힘만 세다고 훌륭한 장군이 아냐. 장군이란 모름지기 힘과 함께 용기와 지혜, 그리고 꾀가 있어야 하거든. 힘만 믿고 싸우는 것보단 꾀와 지혜로 군의 피해를 줄이면 더 좋잖아. 그런 면에서 난 최고의 장군이라 할 수 있어. 우산국(울릉도)을 정복할 때 보여 준 내 꾀는 우리 역사의 전설이 되었거든.

생몰 연대 ➜ ?~?

닉네임 ➜ 전설의 꾀쟁이

특징 ➜ 뛰어난 상황 판단력으로 지략가로 불림.

인물 관계도

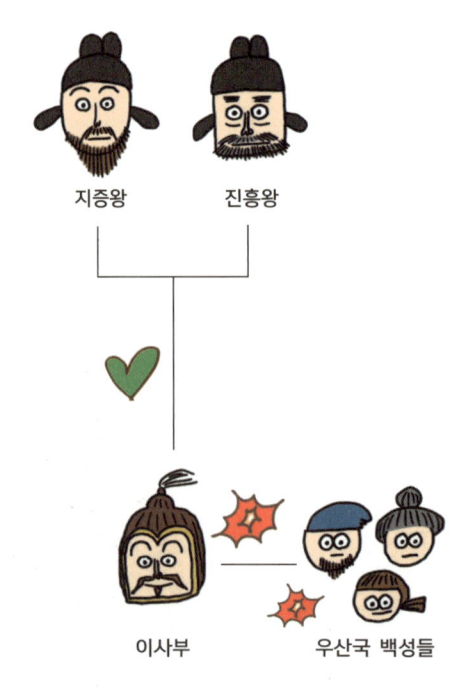

특이 사항 ➜ 신라의 17대 왕인 내물왕의 4대손으로 나름 왕족!

강점 ➜ 적의 상황을 잘 관찰하고 약점을 찾아내는 능력이 뛰어남.

대표 업적 ➜ 고구려와 백제의 성을 함락시키고 우산국을 신라의 땅으로 병합시킴.

대표 전투 ➜ 우산국 정벌 전투

최애 무기 아이템 ➜ 나무로 만든 사자. 무기에 의존하기보단 지략과 꾀로 승부수 내기를 좋아함. 적을 속일 수 있는 능수능란한 연기력!

우산국은 이렇게 정벌했지!

내가 어릴 때 신라는 서라벌 일대의 작은 나라였어. 그러다 내가 장군으로 활약할 무렵에는 경상북도를 거의 차지하면서 북쪽으로는 고구려, 서쪽으로는 백제, 남쪽으로는 가야와 치열한 경쟁을 벌였지.

이 시기에 난 고구려의 침입에 대비해 동해안 지역을 통치하는 군 지휘관, 하슬라 군주을 맡아 군사를 양성하고 있었어.

그런데 512년 어느 날, 왕으로부터 엄청난 명령이 떨어졌지 뭐야.

"이사부는 당장 군사를 이끌고 우산국을 정벌해 신라의 힘을 보여 주어라!"

우산국이란 지금의 울릉도를 말해. 당시 우산국은 독자적인 나라였

는데, 우리 신라에게 항복하지 않고 끝까지 버티고 있었어.

　왕의 명령을 받은 난 당장 전투 준비에 들어갔지만 문제가 있었어.

　'우산국 백성들은 사납기로 유명해. 그러니 순순히 항복할 리 없어. 지금 우린 군사도 적은데 자칫하면 외려 우리가 당할 거야. 뭔가 좋은 방법이 없을까?'

　난 며칠 밤낮으로 우산국의 약점을 찾기 위해 궁리했어.

　'음……. 그곳은 외딴 섬이니 맹수를 본 적 없겠군. 사자나 호랑이를 실제로 본 적 없으니 그 동물을 보기만 해도 기겁을 할 거야. 옳거니!'

　난 무릎을 탁 쳤지.

　그 길로 솜씨 좋기로 소문난 장인들을 불러 나무로 거대한 사자 형상을 만들었어.

이렇게 해서 그야말로 피 한 방울 안 흘리고 우산국을 정복한 거야. 어때? 꾀라면 나를 따를 장군이 없겠지?

| 인터뷰 | 이사부 장군, "독도는 우리 땅!" |

아나운서 장군님, 일본이 망언을 일삼고 있어요. 독도가 자기네 땅이라지 뭡니까?

이사부 정말 내가 무덤에서 벌떡 일어날 일이네. 어디 감히 말도 안 되는 소리를! 역사를 보라고. 내가 512년에 우산국을 정벌한 게 사실이거늘.

아나운서 우산국과 독도가 무슨 관련이 있나요?

이사부 우산국은 지금의 울릉도고, 독도는 울릉도에 속하는 섬이에요. 즉 우산국은 울릉도와 독도를 뜻하지요. 삼국 시대를 지나 고려 때도 우산국은 고려에 사절을 보내 토산물을 바치고 충성을 맹세했어요. 조선 시대에도 마찬가지고요. 세종대왕 때 만든 『세종실록지리지』에도 울릉도와 독도를 우리 땅으로 정확히 기록해 놓고 있어요. 울릉도는 무릉, 독도는 우산이라고 말이에요. 독도는 우리 땅이 틀림없어요, 우리 땅!

 **이사부 장군**

♡ 💬 ✈︎   🔖

좋아요 562개

대가야는 가야 연맹체의 맹주국 역할을 하던 나라!
그런 대가야의 항복까지 받아 내면서 신라의 영토는 우리나라 동남부를 차지!
이번 전투에서는 화랑 사다함의 활약이 대단했다고! .... 더 보기

#대가야멸망 #사다함 #신라영토확장 #역시이사부 #삼국통일가자!

댓글 보기

- 이사부 장군이 대가야를 멸망시켰다!
- 축하! 축하! 이사부 장군님 사랑해요!
- 이로써 우리 신라는 영토가 더 확장됐네요.
- 이를 발판으로 우리 신라가 삼국 통일을 이루길 기원!
- 삼국 통일 기원에 나도 동참!

댓글 달기...   게시

김유신

추진력이라면 내가 최고!

한반도에 있던 세 나라! 신라, 고구려, 백제를 통일한 건 바로 우리 신라야. 그 일이 가능했던 건 당시 우리 신라에 뛰어난 인물이 많아서였지. 그런데 그 인물들 중에서도 단연 최고는 바로 나, 김유신이야. 하하하! 왜냐고? 지금부터 그 이유를 이야기해 줄게.

생몰 연대 → 595~673년	**닉네임** → 맞짱 결투의 달인
특징 → 금관가야 왕족 가문 출신답게 서 있기만 해도 귀태가 줄줄!	

인물 관계도
- 증조할아버지: 금관가야 구형왕
- 할아버지: 신라 장군 김무열
- 아버지: 신라 장군 김서현 ♥ 어머니 만명 부인
- 김유신 — 동생 문희 ♥ 김춘추 부부

최애 무기 아이템 → 별이 내려앉았다는 전설을 가진 칼!

강점 → 뒤를 돌아보지 않고 밀고 나가는 추진력! 재능 있는 인물을 알아보는 안목과 지혜!

의외의 장기 → 연인 맺어 주기! 동생 문희와 김춘추를 맺어 주며 결혼까지 성사시킴.

대표 전투 → 낭비성 전투, 660년 백제와의 전투, 668년 고구려와의 전투 등 수없이 많음.

대표 업적 → 태종 무열왕과 문무왕을 도와 신라가 삼국 통일을 달성하는 데 크게 기여함.

특이 사항 → 김수로왕의 12대 손으로, 증조할아버지가 금관가야의 마지막 왕인 구형왕. 구형왕이 신라에 항복하며 신라 사람이 됨. 신라 화랑 출신!

내가 신라 최고의 장수!

우리 신라는 말이야, 고구려, 백제보다 늦게 발전했지. 하지만 힘을 길러서 곧 그 나라들과 어깨를 나란히 할 수 있었어.

그리고 6세기 중반 진흥왕 시절에는 한강 유역을 차지하며 눈부신 전성기를 맞이했지. 물은 가장 중요한 자원이라 당시에는 한강을 차지하는 나라가 최고였거든. 그러다 보니 세 나라는 늘 치열한 영토 전쟁으로 쾅쾅! 전투 중이었지!

629년에도 신라와 고구려 사이의 낭비성 전투가 벌어졌어.

98%

무기					추진력				
전투력					기개				

앗! 그런데 우리 신라가 밀리는 위기 상황!

이때 혜성처럼 등장한 장수가 있었으니, 그게 바로 나야, 나! 김유신!

'이대로 가면 우리가 질게 뻔해. 군사들의 기세를 올려 줄 작전이 필요해. 그렇다면?'

부장군이었던 난 지휘관(우리 아버지였음) 앞에 척 나가 소리쳤어.

"저 혼자 적진으로 들어가서 신라의 용맹함을 보이겠습니다!"

캬아! 멋지지? 용감하지?

혼자 적진에 뛰어든다는 건 고구려 장수와 목숨을 걸로 일대일로 결투를 벌이겠다는 거거든.

고구려 장수와 나는 황량한 벌판에서 마주 섰어.

드디어 격돌의 순간! 난 죽기 살기로 결투를 벌여야 했지.

전투의 결과야 뻔하지 뭐. 마지막 순간, 전설의 칼로 고구려 장수의 목을 단칼에 베어 버렸거든.

"와! 김유신이 이겼다!"

함성 소리와 함께 군사들의 사기도 하늘을 찌를 듯 높아졌고, 전쟁은 보나마나 우리 신라의 승리!

용기와 결단력, 그리고 마음만 먹으면 불도저처럼 밀어붙이는 내 추진력으로 일군 승리였어.

사실 어떤 일을 추진하는 데는 나만 한 사람이 없을 거야. 내 추진력이 빛을 발한 사건들을 더 들려줄게.

사실 내가 인물을 보는 안목이 좀 있는데, 왕족 출신의 김춘추란 인물이 영특해 보이더라고.

'저 사람은 분명 큰 인물이 되겠군. 인연을 맺어서 내 가족으로 만들어야겠어.'

바로 작전 추진!

난 여동생 문희와 김춘추가 자연스럽게 만나도록 유도했어. 두 사람은 결국 연인이 되어 혼인까지 성공!

김춘추는 훗날 신라의 29대 왕인 태종 무열왕이 되었지.

어때? 이 정도면 내 안목이 대단하지?

이때부터 내 군사력과 김춘추의 정치력이 만나니 무서울 게 없지 뭐야.

우리는 똘똘 뭉쳐 주변 나라를 정복하는 데 힘을 쏟기로 했어. 그런데 신라만의 힘으로는 역부족이지 뭐야. 김춘추와 난 궁리 끝에 좋은 생각을 해냈어.

'주변 나라 중 한 곳에 힘을 합치자고 제의를 해 보자.'

말 잘하는 김춘추가 먼저 의견을 타진한 곳은 고구려!

"우리랑 편먹고 백제를 치지 않을래?"

그런데 고구려의 대답은 "싫어!"

그렇다고 실망할 우리가 아니지. 바로 중국 당나라로 방향을 돌렸어.

"우리를 도와서 고구려랑 백제를 치자, 응?"

당나라의 대답은 "좋아! 좋아!"

이렇게 신라와 당나라의 나당 연합군이 결성됐고, 큰 힘을 갖게 된 우리 신라는 660년에 백제를 공격해 멸망시켰어. 668년에는 고구려의 항복까지 받아 냈지.

그리고 도와주는 척하며 우리 신라를 꿀꺽 삼키려는 흑심을 드러낸 당나라 세력까지 우리 땅에서 몰아내며 신라, 고구려, 백제의 세 나라를 통일시켰지.

뭐 이 정도면 최고의 장군은 단연 나, 김유신이 아닐까?

 **김유신 장군**

좋아요 673개

**흥덕왕! 죽은 김유신에게 '흥무대왕' 이름 내리다.
신하로서 '대왕'이라는 이름을 받기는 역사상 처음! ..... 더 보기**

#김유신 #흥무대왕 #김유신무덤 #흥덕왕 #김유신대왕작위 #최초의대왕신하

- 김유신 장군이라면 대왕이란 칭호를 받을 만해.
- 맞아! 맞아! 충분히 자격이 있지.
- 신라 사람들이 존경할 만한 인물, 완전 인정!
- 나도 인정! 그런데 아쉬움은 있어. 중국을 끌어들이지 않고 신라만의 힘으로 삼국을 통일했다면 더 좋았을 텐데.
- 그렇긴 하지. 완전 아쉽지. 그래도 김유신 장군은 정말 대단!

댓글 달기...   게시

장보고

해적 소탕이라면 내가 최고!

적과 싸워 나라와 백성을 지키는 것이 장군의 할 일! 그런데 더 나아가 백성들이 안심하고 장사를 하며 큰돈을 벌 수 있게 해 주는 장군이라면 어떨까? 그게 바로 나, 장보고야. 난 백성을 괴롭히는 해적을 소탕했을 뿐 아니라, 해상 무역으로 이름을 떨친 신라의 장군이거든. 장군에 해상 무역 상인까지! 두 가지 직업으로 살아 온 투잡 인생!

생몰 연대 → ?~846년	**닉네임** → 무역왕, 궁복(활을 잘 쏘는 사람)
특징 → 수영과 활쏘기로 단련됨.	

장보고 뇌 구조

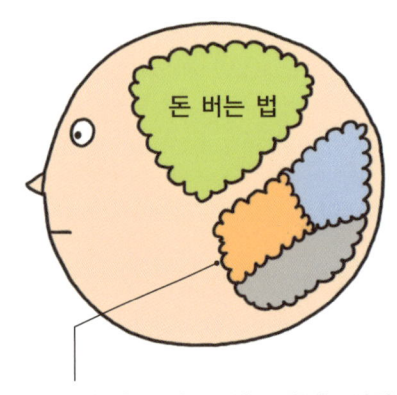

신라가 잘 사는 법 + 무역로 뚫기 + 권력

- **특이 사항** → 낮은 신분으로 태어나서 성공에 대한 욕망이 아주 컸음.
- **강점** → 목표를 정하면 반드시 이루고야 마는 투지와 의지
- **단점** → 권력욕도 강해 노년에는 최고 권력자가 되고자 정치판에 뛰어들었다 낭패를 봄.

대표 전투 → 수많은 해적 소탕 전투

최애 무기 아이템 → 최고 성능의 활(궁복으로 불릴 정도의 활 솜씨)

대표 업적 → 청해진을 설치해 당나라와 신라, 일본을 잇는 해상 무역 주도

의외의 장기 → 상대를 설득시키는 노련한 말솜씨! 능수능란한 말솜씨로 흥덕왕의 마음을 단숨에 사로잡음.

바다를 주름잡던 청해진의 전설, 장보고

1200년 전, 우리 민족이 바다의 주인공이던 시절이 있었던 걸 아니?

히야! 그 시절 우리 신라는 그야말로 무역 강국으로 최고의 부를 누렸다고!

바로 나, 장보고가 해상 무역 왕으로 바다를 주름잡던 시절이야.

어떻게 그런 일이 가능했냐고?

늘 바다를 보며 자란 난 어릴 때부터 꿈이 남달랐어.

'큰 나라인 중국으로 가서 힘센 장군이 될 거야.'

그래서 실제로 당나라 무령군이라는 군대에 들어가, 뛰어난 무술 실력으로 전쟁터에서 큰 공을 세워 장군이 되었어.

그런데 그 무렵 새로운 관심거리가 생겼지 뭐야. 당시 당나라에서 해외 무역이 활발하게 이루어지고 있었거든.

'무역을 하면 큰돈을 벌 수 있겠구나! 좋아! 나도 무역을 해 보자.'

난 바로 장사하는 법을 배웠고, 곧 당나라에서도 이름난 장사꾼이 되었지.

한데 하루는 기막힌 장면을 보고만 거야.

무턱대고 달려온 내 말을 임금님이 들어줬겠냐고?

무슨 소리야! 내 이름은 이미 당나라에서 용맹한 장수로 소문이 자자했거든. 그렇잖아도 해적 때문에 고민이 많던 임금님은 바로 승낙!

난 병사들을 이끌고 내 고향으로 돌아가 청해진(지금의 전라남도 완도)을 만들었어. 거긴 바다의 길목이라 해적을 물리치기 딱 좋았거든.

용맹한 젊은이들을 더 모은 나는 그들을 제대로 훈련시켜 강한 군사로 길러 냈지.

우리 부대의 힘이야 말할 필요도 없지 뭐. 청해진 앞바다의 거센 물살을 이용해 해적을 쳐부수는 전략은 기본! 노련한 칼 솜씨로 적을 단숨에 처단! 그야말로 최강의 청해진 부대였지.

그러니 해적들은 '장보고'라는 이름만 들어도 벌벌! 우리 신라는 넘볼 생각도 못 하게 됐지.

해적이 사라진 청해진은 무역의 중심지로 거듭났어.

난 바다를 누비는 해상 무역상이 된 거야.

우리 무역상은 일본, 중국에 칼, 신라 청자, 약재 등을 팔고 비단, 차 등을 사들였어. 그뿐만이 아니라, 저 멀리 인도와 아라비아 상인들과도 물건을 사고팔았어.

그야말로 청해진이 세계 무역의 중심지로 우뚝 선 거지.

무역이 활발해지니 신라 사람들도 부강해질밖에.

해적들은 철통 수비! 무역으로 경제는 승승장구!

이 정도면 내가 이 나라 최고의 장군이지! 암! 그렇고말고!

 장보고 장군

좋아요 846개

장보고 장군, 자객의 칼에 사망!
장보고의 지나친 권력욕이 부른 참사라는 소문이 자자! .... 더 보기

#장보고 #자객칼에찔림 #참사 #자객누구? #권력욕노노 #고인의명복을빕니다

댓글 보기

- 장보고 장군님이 권력 욕심이 심하단 소문이 많더니, 반대파에게 죽임을 당했나 보네.
- 그렇잖아도 큰 권력을 가진 장보고 장군이 문성왕이 즉위하자 자기 딸을 왕비로 만들려고 했다잖아. 왕의 장인이 돼 더 큰 권력을 가지려 한 거지.
- 맞아! 그래서 반대하는 중앙의 진골 귀족 세력들이 염장이란 자객을 보내 장보고를 살해했다더라고.
- 힐! 과유불급! 욕심이 지나치면 화를 부르는 법이지.
- 그럼 청해진은 어떻게 됐나?
  - 청해진은 851년에 군사들에 의해 토벌되고, 그곳 주민들도 다른 곳으로 보냈다던데. 해상 왕국이 막을 내린 거지.

 댓글 달기... 게시

우리도 신라 장군이거든!

거칠부 내 이름은 학자로 더 유명해. 왕명을 받고 역사서인 '국사'를 편찬했거든. 하지만 나도 어엿한 신라의 장군! 551년에는 다른 장군들과 함께 고구려를 공격했단 말씀! 당시 우리의 활약은 훗날 신라가 한강 유역에까지 세력을 뻗치며 삼국 통일의 기초를 마련하는 데 결정적인 계기가 되었지. 흠! 흠!

김흠순 우리 형은 김유신! 그래서 늘 형 이름 뒤에 가려진 인물이지. 흑흑!

하지만 나도 신라의 대표적인 장군이야. 황산벌 전투 알지? 그 전투에서 계백과 맞서 싸워 승리를 이룬 신라의 장군이 바로 나, 김흠순이거든.

근데 내 이름은 늘 형 김유신에 가려져 있어. 내 아들 반굴도 관창의 이름 뒤에 늘 가려져서 정말 속상해. 당시 계백이 이끄는 백제군의 결사대는 죽기를 각오하고 덤비는 터라 신라군은 네 차례의 전투에서 고전을 면치 못했어. 바닥으로 떨어진 우리 군의 사기를

북돋아야만 했지.

난 아들 반굴에게 말했어.

"신하 노릇을 하자면 충(忠)만 한 것이 없고, 자식 노릇을 하자면 효(孝)만 한 것이 없다. 나라가 위기에 처해 목숨을 바치면 충효를 함께하는 것이다."

반굴은 주저 없이 홀로 적진에 뛰어들어 싸움을 벌이다 전사하고 말았어. 그리고 이것을 본 관창도 뒤를 이어 적진에 뛰어든 거지. 그걸 본 우리 신라 군은 정신이 번쩍! 원수를 갚겠다며 이를 악물고 나서 끝내 승리를 거뒀고 말이야.

죽지 나는 신라 화랑 출신 장군이야. 위대한 장군 김유신과 함께 백제군을 격파하고, 고구려 정벌에서 승전하는 등 많은 업적을 남겼지.

사실 난 인기가 참 많은 장군이기도 해. 내 낭도였던 득오는 나를 사모해 글까지 남겼거든. 「모죽지랑가」라는 향가가 있는데, 여기에 나오는 '죽지'가 바로 내 이름이란 사실! 문학 작품에까지 나오는 장군이면 최고 인기 장군이라 할 만하지?

김인문 나는 신라의 삼국 통일 전쟁에 기여한 대표적인 장수야. 김유신 장군을 도와 백제와 고구려를 격파하는 데 큰 공을 세웠거든. 고구려 정벌 당시, 김유신 장군이 병으로 출정 못 할 땐 내가 사령관으로 신라의 20만 군사를 이끌기도 했다고!

난 외교관으로도 활동했는데, 삼국 통일 과정에서 내 외교적 활약 덕분에 당나라의 군사적 원조를 얻을 수 있었다는 사실! 꼭 기억해 줘.

백제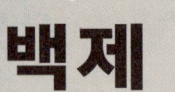

윤충

꾐수에선 내가 최고!

혹시 '대야성 전투'라고 들어는 봤나? 전투라는 게 창과 칼로만 하는 게 아니란 사실! 전략과 꾐수가 중요하단 걸 제대로 보여 준 전투지. 캬! 머리 좋고 꾀 많은 나의 강점이 제대로 꽃폈던 전투! 그 현장으로 데려가 줄게.

생몰 연대 → ?~?	**닉네임** → 꾐수짱
대표 전투 → 대야성 전투	**강점** → 뛰어난 상황 판단력!
특이 사항 → 신비주의! 대야성 전투에서의 활약 말고는 남은 개인 정보가 거의 없음.	**인물 관계도**

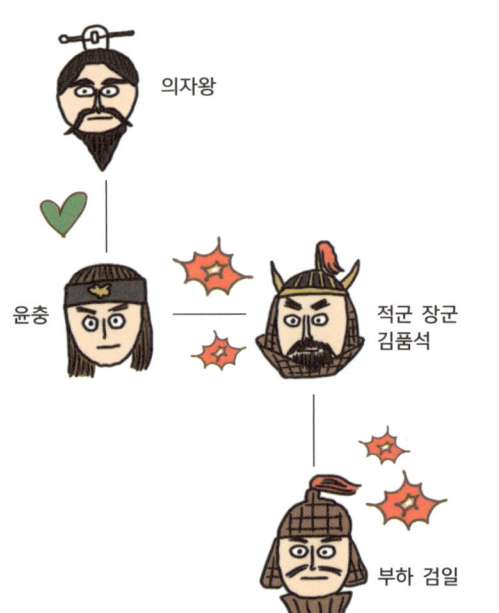

대야성 전투의 비밀 작전

우리 백제는 말이지, 신라와 고구려보다도 먼저 전성기를 맞았던 나라야. 삼국 중 짱이었던 거지.

한데 서서히 신라가 힘을 키우면서 슬슬 우리 백제를 얕보며 덤비네.

어라? 신라는 아예 우리 땅이던 한강 하류 유역을 빼앗고는 잘난 척까지 하지 뭐야. 그냥 두고 보면 안 되겠더라고! 혼을 내 줘야지!

우리 백제는 신라에 적극적인 공세를 퍼붓기 시작했어.

642년에는 의자왕이 친히 군사를 거느리고 가서 신라 서쪽의 40여 성을 공격! 고구려 군사와 연합해 신라의 당항성도 공격!

내게도 중요한 어명이 떨어졌지.

"윤충은 군사 일만 명을 이끌고 신라 대야성(지금의 합천)을 공격하라!"

일단 난 대야성 분석에 나섰지. 전투를 하기 전에 그곳 상황을 잘 아는 게 중요하거든. 그래야 집중 공격할 수 있는 약점을 찾을 수가 있잖아.

'대야성은 신라 서부의 주요 기지로, 성읍이 사십여 개나 되는 곳! 대야성을 책임지고 있는 자는 김품석! 어라? 요것 봐라.'

집중 분석 결과, 김품석이란 자의 행실이 괴상망측하더라고.

김품석은 신라의 실세 귀족인 김춘추의 사위였어. 한데 이자가 백성은 돌보지 않고, 예쁜 여자만 보면 군침을 질질! 남의 재물은 마구 빼앗아서 제 것으로 꿀꺽꿀꺽! 게다가 부하인 검일이란 자의 아내까지 빼앗아 첩을 삼아 버렸지 뭐야. 느낌이 팍 오더라고!

"이곳은 김품석이란 자의 악행으로 저절로 무너지겠구나!"

역시! 내 분석이 딱 들어맞았어.

우리 백제군의 공격이 시작되자, 검일이 성안 창고에 불을 질러 군량미를 태워 버렸거든. 김품석이 아내를 빼앗자, 앙심을 품은 검일이 복수로 그런 행동을 한 거지. 신라군은 완전 의욕 상실!

어라? 한데 김품석, 이놈은 한 술 더 뜨네. 힘을 모아 싸워도 모자랄 판에 하는 짓거리 좀 보소.

　　이 소식을 들은 김품석은 항복했지.

　　의자왕은 대야성 전투 결과에 탄복하며 내 작위를 높여 주고, 말 20필과 쌀 1천 석을 상으로 주셨지.

　　어때? 나를 꾐수의 최고봉이라고 할 만하지?

 윤충 장군

♡ 💬 ✈ 🔖

좋아요 648개

김유신의 신라군 대승으로 대야성은 다시 신라로!
백제, 대야성을 잃다! .... 더 보기

#신라대야성탈환 #김유신 #신라너무하네 #백제는웁니다 #윤충노력물거품

댓글 보기

- 일시적으로 백제가 신라를 압도한 듯 보였지만, 결국 우리 신라가 위기 상황을 극복하면서 오히려 더 큰 성과를 올렸네.
- 그야말로 김유신의 시대 시작이네! 백제와의 군사 작전을 본격적으로 지휘하게 됐으니.
- 김유신만이 아니지. 김춘추 시대도 열림! 김춘추는 당나라와의 연합을 이루려고 총력을 기울이게 되고, 결국 당나라와 신라군이 연합한 나당 연합군을 이루게 됐다지.
- 그 결과, 신라가 결국 삼국을 통일했잖아! 히야! 대야성 전투의 의미가 대단한걸.
- 흑흑! 우리 백제는 초상집 분위기인데 다들 너무하네, 너무해!

댓글 달기...　　　　　　　　　　　　　　　　　　　　게시

계백

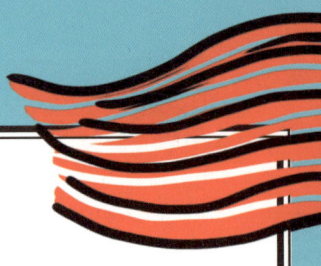

결연한 의지로는 내가 최고!

사실 '내가 최고 장군이야!'라고 큰소리를 떵떵 칠 생각은 없어. 난 우리 백제의 운명이 걸린 마지막 전투, 황산벌 전투에서 패배한 장수거든. 하지만 나도 할 말은 있다고! 그 전쟁에 나간 내 장엄한 정신과 우리 병사들의 결연한 의지! 그것만은 제대로 평가를 받아야 하니까.

생몰 연대 → ? ~ 660년	**닉네임** → 황산벌의 영웅
특징 → 끝까지 나라와 백성을 구하려 한 충성심 때문에 충절의 표본으로 불림.	

인물 관계도

특이 사항 → 계백이면 성이 계씨? 이름이 '계백'이고, 성은 확실치 않음. 왕족의 성인 부여씨였을 거라고 짐작됨.

강점 → 병사들의 의지를 최고조로 끌어올릴 수 있는 대단한 지휘력! 최악의 상황에서도 희망을 놓지 않는 의지력!

단점 → 적의 노림수를 제대로 파악하는 능력은 다소 부족

대표 전투 → 황산벌 전투

최애 무기 아이템 → 5만 명의 신라군에 맞서 10:1로 싸운 5천 명의 백제 결사대

눈물의 황산벌 전투

일단 이야기를 듣기 전에 손수건부터 준비해. 도저히 눈물 없인 들을 수 없는 이야기거든. 흑흑!

높은 문화 수준으로 이름을 날렸던 우리 백제는 660년에 위기를 맞고 말았어. 고구려, 신라와의 치열한 힘겨루기에서 밀리다가 결국 나당 연합군의 공격을 받게 되었거든.

당시 궁궐에는 절박한 소식이 전해졌지.
"소장방이 이끄는 당나라군과 김유신이 이끄는 신라군이 쳐들어오고 있습니다!"
"당나라 군대는 백강을 거슬러 올라오고,

신라군은 탄현을 넘어 사비성을 향해 쳐들어오고 있다고 합니다."

실시간으로 날아드는 다급한 소식에 왕과 대신들은 우왕좌왕! 안절부절!

"이를 어쩌나?"

"어서 군사를 보내 막아야 하지 않소?"

이에 의장왕은 나를 불렀지. 가장 용맹하고 믿을 만한 장군은 역시나, 계백이니까. 흠! 흠!

왕은 다급히 명령했어.

"김유신이 이끄는 신라군 오만 명이 밀려오고 있다고 한다. 계백은 어서 나가 그들을 물리치라!"

사실 그 명령을 받은 난 눈앞이 아득했어. 신라군은 5만 명인데, 우리 백제군은 고작 5천 명뿐이었거든. 게다가 신

라군 뒤에는 13만 명의 당나라군이 바닷길로 달려오고 있는 상황! 그야말로 신라군과 백제군은 10대 1로 싸워야 하는 극한 상황.

'숫자로 보면 질 것이 뻔한 싸움이구나.'

하지만 물러설 수 없는 전투였어. 700년간 이어 온 백제의 운명이 지금 내 어깨에 달린 거잖아.

난 5천여 명의 백제군으로 결사대를 구성했어.

"죽기로 덤벼라! 옛날 중국에 살던 구천은 오천 명의 군사로 칠십만의 군사를 쳐부쉈다고 하질 않더냐. 죽기를 각오하면 이길 수 있다."

"와아!"

우리 결사대의 사기는 대단했어. 우리가 무너지면 내 나라가 무너지고, 내 가족이 죽는다는 생각에 죽기 살기로 싸우기로 결심한 거야.

드디어 결전의 그날! 황산벌에서는 절대 물러설 수 없는 전투가 벌어졌지.

사실 숫자로는 우리가 밀리지만 전투 상황이 그렇게 불리한 것만은 아니었어. 열 배나 많은 신라군이지만 백제까지 오는 사이에 지치고 약해졌거든.

"지친 놈들이 기운을 차리기 전에 빨리 무찌르자!"

내 작전은 적중했어. 첫 전투 네 번은 우리 백제군이 완전 승리하며 기선 제압! 이대로만 가면 우리가 승리할 수도 있단 실낱같은 희망이 보였지. 그놈! 관창이 나타나기 전까진 말이야.

관창이 누구냐고? 신라의 화랑으로 신라군에 있던 열여섯 살 소년이었어.

당시 전투에서 패하기만 하던 신라의 사기는 지하 땅굴 수준으로 떨어져 있었지. 그러자 군의 사기를 높이기 위해 관창이 나섰다가 죽음을 맞았지.

아차! 한데 그게 내 최고의 실수였지 뭐야. 관창의 시신을 본 신라군이 일제히 일어난 거야.

"어린 관창도 목숨을 바치는데, 우리가 질 수는 없지!"

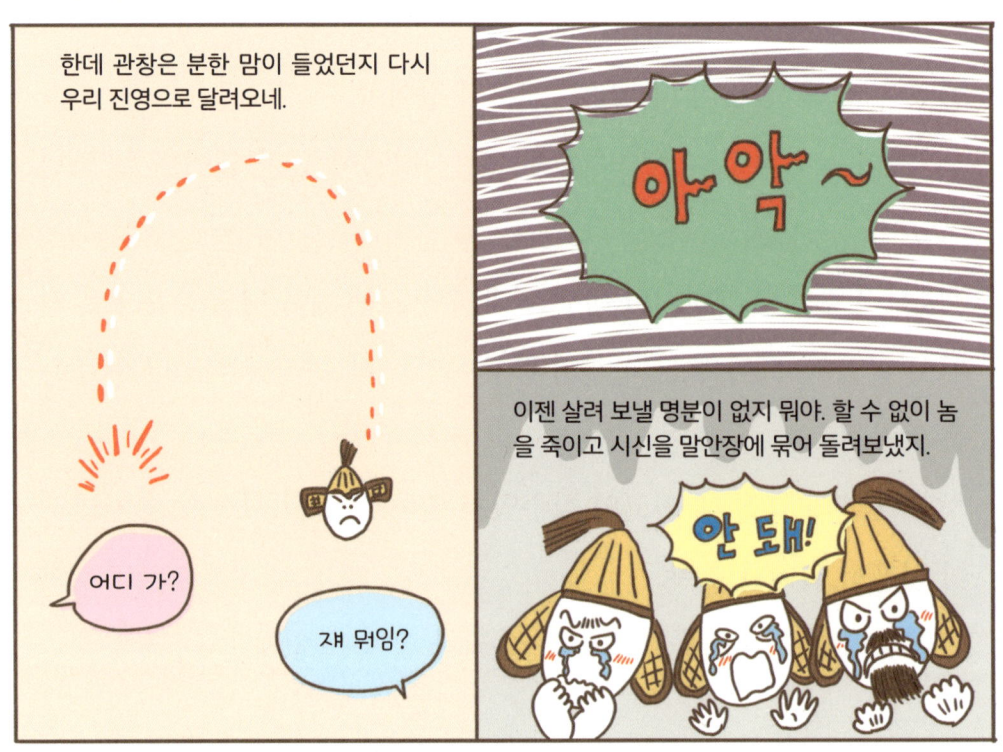

"암! 어서 힘을 내서 백제군을 쳐부수자. 관창의 원수를 갚자!"

그제야 난 깨달았어. 이것이 다 적장 김유신의 계산된 전략이었단 걸.

하지만 뒤늦은 후회였지. 불같이 일어난 신라군에 우리 백제군은 속수무책으로 당하고 말았거든.

으흑! 그때를 생각하면 지금도 울분이 컥! 그것이 바로 우리 백제의 마지막 전투가 되고 만 거지. 그리고 결국에는 660년에 백제가 700년의 역사를 끝내고 신라에 항복!

아아, 비록 패배는 했지만, 그래도 우리 백제 결사대의 의지와 충성만은 제대로 평가해 주길 바라. 나, 계백의 장엄한 의지도 말이야.

 **계백 장군**

좋아요 660개

**황산벌 전투에 나가기 전 계백의 결연한 의지!
가족도 제 손으로 죽이다.
가족이 치욕과 고통을 겪지 않게 해 주려는 애틋한 마음 화제! ....** 더 보기

#계백 #황산벌전투 #계백의지대단 #치욕고통싫어 #계백마음애틋

- 세상에! 얼마나 무거운 맘이었으면 저런 행동을 하셨을꼬! ㅠㅠ
- 난 그래도 계백 장군님을 이해할 수 없어. 가족들은 도망가서 무사할 수도 있었을 거 아냐. 가족을 죽인 건 정말 잔인한 행동이잖아.
- 그 맘이 조금은 이해돼. 치욕을 당하느니 차라리……. 이런 맘이었겠지.
- 그럼 이미 질 거라고 예상한 거잖아. 그러고서 어떻게 전투에 이긴담? 군사들도 그 사실을 알았으면 사기가 떨어졌을 거야.
- 계백 장군의 장엄한 의지만은 인정해야 한다에 난 한 표!

댓글 달기... 게시

우리도 장군 못지않다고!

복신 우리 백제에는 장군 못지않게 용맹한 인물들이 있었어. 나라가 멸망한 뒤에도 백제 부흥 운동에 힘쓴 사람들이지. 그 대표적인 인물이 바로 나, 복신이야!

난 승려 도침과 함께 주류성에서 부흥 운동을 일으켰어. 당시 일본에 머물던 부여풍(의장왕의 아들)을 왕으로 추대하며 일본에 구원병을 요청했던 거야. 그리고 백제 유민들의 호응을 얻어 사비성까지 쳐들어가는 성과를 올렸지.

하지만 나라를 다시 일으키는 게 어디 쉬운 일이겠어? 힘을 기르기 위해 난 다른 곳에서 부흥 운동을 벌이던 흑치상지와 손을 잡았지. 캬! 그러자 우리 힘은 쑥! 쑥! 이대로만 간다면 금세 다시 나라를 찾을 것만 같았다니까.

헉! 그런데 의견 차이로 우리 세력 간에 분열이 생겼지 뭐야. 분열은 엄청난 비극을 부르고 말았어. 서로를 미워하다 보니 난 도침을 죽이게 됐고, 부여풍은 나를 죽이고!

그 때문에 백제 부흥의 꿈은 물거품이 되고 말았어. 흑흑!

흑치상지 난 백제 말기에 장수로 활동했어. 백제가 멸망한 뒤, 당나라 장군 소정방이 우리 백제 유민들을 괴롭히는 걸 참을 수가 없더라고. 난 백제 군사들을 모아 임존성을 근거지로 부흥 운동을 시작했지.

처음에는 소정방 군대도 물리치고, 200여 개의 성을 되찾는 대단한 성과도 올렸다고! 험! 험!

그런데 우리 힘이 강해질수록 당나라의 공격도 강해지는 거야. 바다와 땅으로 마구 공격해 오고, 우리 백제 부흥 운동 세력 사이에서 살살 회유책도 펼치고…….

그러다 보니 우리 안에서 갈등 폭발! 결국 난 더 이상 버티지 못한 채 당나라에 항복하고 말았지. 흑흑!

그래도 우리의 부흥 운동은 정말 대단했다고!

그 정신과 기개만은 꼭 제대로 평가해 줘!

발해

장문휴

선제공격이라면 내가 최고!

난 발해 장군 장문휴! 이름이 좀 낯설다고? 우리 발해 역사가 좀 덜 알려지다 보니 그럴 수도 있어. 하지만 내 전투 실력과 우리 발해의 용맹함을 보면 깜짝 놀랄걸! 이름은 들어 봤나? 장문휴의 등주 원정! 우리 역사에서 가장 멋진 한 장면으로 남아도 손색없을 대단한 전쟁터로 데려가 줄게.

생몰 연대 → ?~?

닉네임 → 선제공격의 명수

특이 사항 → 완전 신비주의! 등주 원정 말고는 노출된 정보 없음.

대표 전투 → 732년에 당나라 등주 공격

특징 → 젊은 시절 한반도 서해안에 날뛰던 해적들을 제압. 해전에 남다른 실력의 백전노장

최애 무기 아이템 → 적이 눈치채기 전에 먼저 한 방 날리는 선제공격!

빛나는 승리! 등주 공격 작전

우리 발해는 고구려인 대조영이 세운 국가야. 중국은 우리 발해를 두고 '바다 동쪽에서 번성한 나라'라 해서 '해동성국'이라고 불렀을 정도야.

그런 나라의 장군이니 나, 장문휴의 실력이야 말해 뭐 해!

자, 그럼 전설로 남은 전투, 등주 원정에 대해 이야기를 시작해 볼게.

우리 발해는 당나라와 사이가 좋지 않았어. 당연하잖아. 당나라가 신라와 손을 잡고서 우리 조상인 고구려를 멸망시켰으니까 말이야.

그런데 당시 당나라의 낌새가 심상치 않지 뭐야. 우리 발해를 공격해 올 분위기가 포착된 거지.

그런데 말이야, 싸움을 할 땐 선제공격을 해야 할 때가 있어. 만만찮은 상대일 땐 적이 전투 준비를 하기 전에 먼저 빵! 주먹을 날려야 하는 법이거든.

　발해의 무왕은 지금이 그때라고 생각했어. 그래서 나를 불러 당나라의 등주(지금의 산동반도 봉래)를 선제공격하라고 명령했어.

　등주는 당시 당나라의 군사적 요충지로, 전쟁을 준비할 땐 이곳에 거점을 마련할 게 분명했거든. 물론 나야 의지에 불탔지.

　"이놈들! 옛 고구려를 무너뜨리고 우리 발해를 넘보다니! 제대로 혼을 내 주마!"

　우리 발해 왕인 무왕과 난 비밀리에 치밀한 작전을 짰어. 이래봬도 내가 바다에서 하는 해전에는 타의 추종을 불허하는 백전노장이거든.

　드디어 등주 침투 작전 개시!

장문휴의 그날 일기

　732년 9월, 2만 5천의 정벌군이 함대에 올랐다. 우리 함대는 해풍을 타고 순조롭게 발해만을 건너 등주 해상으로 진진했다.

　등주에 닿는 순간, 나는 밤을 틈타 500명의 선발대를 해안에 침투시켰다. 무려 3년이나 혹독한 침투 훈련을 받은 최강 선발대! 선발대는 감시를 피해 북쪽 해안 절벽을 기어오르는 데 성공했다.

　순식간에 당나라 경비대와 항구를 점령해 버렸다. 그리고 해안에 숨어 있는 우리 군사를 향해 12발의 신호탄을 밤하늘에 쏘아 올렸다.

펑! 펑! 그 신호를 알아차린 2만 5천 명의 우리 정벌군은 등주항에 일제히 상륙 성공! 새벽잠도 깨지 못한 당나라군을 몽땅 쳐부수며 등주를 함락시켰다.

캬! 정말 기막힌 작전이지?

뭐 이 정도면 최고의 장군이라 인정받을 만하지 않아?

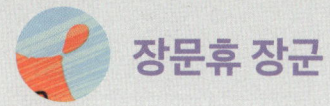 장문휴 장군

♡ 💬 ✈︎   🔖

좋아요 732개

당나라, 신라에 도움 요청해 발해 공격. 발해, 일본과 손잡고 신라 공격! 엎치락뒤치락하던 승부는 결국 무승부로 끝남! .... 더 보기

#나당연합군 #발해군 #당나라가웬말 #일본과손잡겠어 #등주공격 #무승부

댓글 보기

- 😀 와! 발해가 당나라를 화들짝 놀라게 했군! 대단한걸.
- 😀 이런 자랑스런 역사도 있었네! 발해와 장문휴 장군에게 박수!
- 😀 그 뒤 우리 발해군은 등주를 철수했지만, 등주 공격은 당나라에 큰 타격을 준 전쟁으로 역사에 남았지. 하하하!
- 😀 맞아요! 발해인의 투지를 보여 준 대단한 사건이야!

 댓글 달기...   게시

고려

강감찬

지혜로는 내가 최고!

혹시 낙성대라는 곳 알아? 낙성대는 내가 태어난 곳인데, 그날 하늘에서 큰 별이 이곳으로 떨어지며 큰 장군이 태어날 것임을 알렸다더군. 하늘까지 나서서 축복해 준 나, 강감찬! 무예라면 무예! 지혜라면 지혜! 학문이라면 학문! 뭐 하나 빠질 게 없는 엄친아! 내 이야기를 들어 봐.

생몰 연대 → 948년~1031년

닉네임 → 외모 빼고 엄친아!

특징 → 완전 건강 체질! 일흔의 나이에 군사를 이끌고 거란군을 막아 낸 절대 체력!

강감찬 뇌 구조

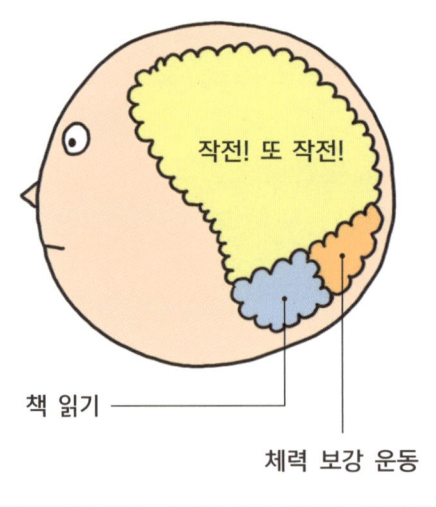

작전! 또 작전!
책 읽기
체력 보강 운동

특이 사항 → 책을 많이 읽고 집필도 함. 지은 책으로 『낙도교거집』, 『구선집』 등이 있으나, 지금은 전해지지 않음. 서울에서 가장 오래된 나무(천 살)인 관악구 신림동 굴참나무(천연기념물 제271호)는 '강감찬 나무'로 불림. 강감찬 장군이 지나가다 꽂은 지팡이가 자라 나무가 됐다는 전설이 전해짐.

대표 전투 → 귀주 대첩

최애 무기 아이템 → 무기보단 지혜로운 전략이 최고 무기라고 굳게 믿음. 자연 현상을 이용해 적을 함정에 빠뜨리는 전략에 능수능란!

대표 업적 → 1010년~1018년에 걸친 거란의 침략에서 나라와 백성을 구한 영웅으로 평가받음.

눈부신 작전의 힘! 귀주 대첩

사실 난 어려서부터 놀림을 많이 받았어.

"못난이! 못난이!"

키가 워낙 작은 데다 못생겼기 때문이지.

하지만 절대 그런 놀림에 기가 죽을 내가 아니지. 난 오히려 악착같이 공부해서 과거에 장원으로 급제하고, 무예 실력도 닦아서 고려를 대표하는 장군이 되었다고!

뭐 이 정도면 학문과 무예를 두루 겸비한 우리나라 최고의 장군이라 할 만하지. 흠! 흠!

근데 나의 진짜 가치는 전쟁터에서 펼쳐진 전략으로 평가해 줘. 지혜로운 전략들에 깜짝 놀라게 될 테니까.

1018년, 거란의 소배압 장군이 10만 대군을 이끌고서 우리 고려를 쳐들어왔어.

사실 뭐 놀랄 일도 아니야.

그 전에도 이미 대군을 이끌고 고려를 침범한 일이 있었거든. 그땐 잘 타이르고 설득해서 돌려보냈었는데, 놈들이 겁도 없이 다시 침범해 온 거야.

이때 군대를 통솔하는 상원수에 임명된 난 일흔의 나이지만 주먹을 불끈 쥐었지.

"이번엔 놈들에게 제대로 본때를 보여 줘야겠군. 다신 고려를 넘보지 못하도록!"

전투의 승패는 작전! 바로 작전 수립에 착수했어.

'거란군은 우리 임금님을 잡으려고 궁궐이 있는 개경으로 오겠지? 그러려면 홍화진을 지나야 할 테고……. 음! 그렇다면 홍화진을 이용하면 되겠군! 홍화진 위쪽으로는 압록강이 흘러. 거란군은 압록강을 건너야 하니까 그 강을 이용하자!'

온갖 지식과 지혜를 발휘해서 드디어 작전 수립!

먼저 거대한 소가죽으로 냇가의 물줄기를 막고 숨어 있었지. 적병들이 강에 이른 순간, 소가죽을 걷어 갇혔던 물을 콸콸!

하하하! 이렇게 해서 거란군을 물귀신으로 만들어 버렸지.

승리! 승리! 초대박 승리!

그런데 이렇게 혼이 나고도 거란은 정신을 못 차렸지 뭐야. 다음 해에 또다시 쳐들어온 거야.

이번에도 난 자연을 이용해 전투 작전을 세웠어. 이름하여 전설의 '바람에 활 날려 작전'.

'이번 작전에선 바람을 이용하자. 그러려면 들판과 계곡이 있고, 바람이 세게 부는 곳이 좋은데. 아! 귀주! 그곳이 제격이겠군.'

난 귀주의 좁은 계곡 사이에 군사들을 잠복시켰어. 그러고는 거란군을 계곡으로 유인했지.

　그런데 마침 바람이 우리 군사들이 있는 곳에서 거란군 쪽으로 솔솔 부는 거야.

　"지금이다! 활을 쏘아라!"

　바람을 탄 화살은 거란군을 향해 쏭! 쏭!

　"으아악!", "악!"

　거란군의 비명 소리가 계곡을 울렸지.

　하하하! 물론 이번에도 대승! 귀주 대첩은 나의 지혜로운 작전과 군사들의 노력으로 일궈 낸 승리였어.

　어때? 지혜와 작전이라면 나를 당할 자가 없겠지?

 강감찬 장군

좋아요 1018개

평화로운 외교 관계 성립!
귀주 대첩으로 혼쭐난 거란, 고려에 고개를 숙이며 화해 요청! ..... 더 보기

#거란고려악수 #고개숙인거란 #평화협정 #귀주대첩 #화해 #거란혼쭐나

댓글 보기

- 히히! 거란이 친하게 지내자고 갖은 아양을 떨었다던데?
- 하지만 강감찬 장군은 방심하면 안 된다면서 적의 침입에 대비해 개경에 성을 쌓자고 했다잖아.
- 맞아. 그래서 수도 개경을 지키는 성이 만들어졌고, 북쪽 땅에는 천리장성도 쌓게 됐잖아.
- 역시 강감찬 장군이야!
- 우리 고려가 이렇게 오랫동안 큰 전쟁 없이 평화로운 건 모두 장군님 덕분! 감사합니다, 장군님!
- 윽! 고려군은 너무 무서워. 절대 공격하면 안 되겠어.

 댓글 달기...   게시

윤관

오뚝이 정신이라면 내가 최고!

오뚝이 인형을 보면 넘어져도 계속 일어서지. 그래서 오뚝이는 불굴의 정신을 상징하기도 해. 여러 번 실패해도 굴하지 않고 꾸준히 노력한다는 의미로 말이야. 내 인생이 바로 그 오뚝이야. 잘 들어 봐.

생몰 연대 → ? ~ 1111년

닉네임 → 오뚝이 장군

특징 → 과거에 합격해 중요한 관직을 거친 문관 출신 장군

특이 사항 → 요나라와 송나라에 사신으로 파견된 적이 있음.

강점 → 실패에 꺾이지 않는 불굴의 의지

대표 전투 → 1107년, 대군을 이끌고 여진을 정벌

최애 무기 아이템 → 특수 부대 별무반

좌우명

7전 8기!(일곱 번 넘어지고 여덟 번 일어난다는 뜻으로, 여러 번 실패해도 굴하지 않고 노력함을 이름.)

별무반의 힘을 보여 주마!

1104년, 세력을 넓힌 여진이 우리 땅인 함흥 부근까지 쳐들어왔을 때야.
"윤관은 군사를 몰아 여진을 정벌하라!"
명령을 받은 나는 호기롭게 전투에 나섰지.
한데 벌판을 달리며 말타기로 단련된 여진의 빠른 기병들을 당해 낼 재간이 없지 뭐야.

두 차례의 전쟁에서 결국 우리 고려군은 완패!

"여진을 이기려면 우리도 말을 타고 싸울 수 있는 기병을 길러야 해."

난 그길로 특수 기병 부대인 별무반을 만들어 훈련을 시키며 때를 기다렸어.

"꼭 여진에 복수를 하리라!"

드디어 때가 왔어. 1107년, 17만 명의 군대를 거느리고 여진을 공격하게 된 거야.

별무반의 활약은 대단했어. 여진 기병대의 기를 완전 꺾어 버렸거든.

물론 전쟁은 고려의 대승! 내 불굴의 오뚝이 정신이 일궈 낸 승리였지.

어때? 이 정도면 오뚝이 장군이라 불릴 만하지?

이용상

해외파 장군이라면 내가 최고!

고려 사람이지만 내가 태어난 곳은 베트남! 난 베트남의 왕자였어. 왕자병이냐고? 아냐! 진짜로 왕자였다고! 난 안남국(베트남)의 리 왕조 6대 왕의 둘째 아들로 태어났거든. 그런데 쩐투도라는 자가 반란을 일으켜 리 왕조를 몰아내고 쩐 왕조를 세웠지 뭐야. 생명이 위태로워진 나는 그길로 배를 타고 탈출! 고려에 와서 이용상이란 이름으로 살게 되었지. 한데 어떻게 고려 장군이 되었냐고?

생몰 연대 ➜ 1174년~? **닉네임** ➜ 해외파 장군

특징 ➜ 이국적인 외모. 위기에 빠졌던 과거의 기억으로 늘 조심하고, 의심이 많음.

이용상 뇌 구조

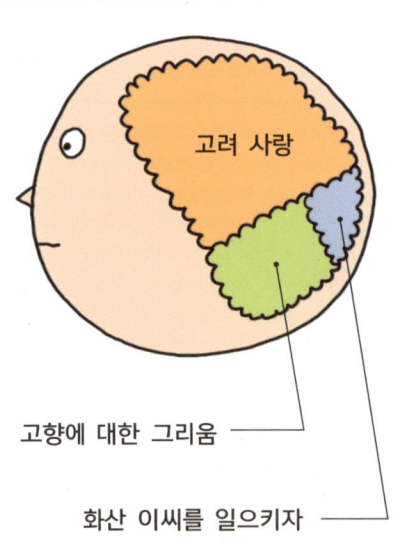

- 고려 사랑
- 고향에 대한 그리움
- 화산 이씨를 일으키자

특이 사항 ➜ 베트남 왕자

강점 ➜ 위기를 헤쳐 나가는 능력

대표 전투 ➜ 1253년 몽골과의 전투

최애 무기 아이템 ➜ 펄펄 끓는 물

뜨거운 물로 물리친 적!

내가 고려의 장군이 된 건 몽골군의 침략 때문이었어.

옹진성 동쪽 화산이란 곳에서 잘 살고 있던 난, 어느 날 다급한 소식을 듣게 됐지.

"몽골군이 쳐들어왔다!"

거칠기로 소문난 몽골군의 침략에 백성들은 벌벌!

그러자 마을 수령이 달려와서 도와달라고 부탁을 하지 뭐야.

뭐 내 능력을 한눈에 알아본 거지. 흠! 흠! 내가 왕자 출신인지라 어릴 때부터 쌓은 무예 실력과 지략이 대단했거든.

나를 받아 준 고려에 보답할 절호의 기회!

난 다른 장군과 함께 부대를 나누어 당당히 전투에 출전했지. 일단 급한 건 성벽을 쌓는 일! 그리고 성벽을 넘어오는 적을 향해 돌을 던지고 뜨거운 물을 콸콸!

전투에서 뜨거운 물을 쓰는 건 처음 본다고?

잘 모르나 본데, 뜨거운 물만큼 효과적인 무기가 없거든. 내 최애 무기인 뜨거운 물의 활약상은 다음 전투에서 제대로 빛을 발하게 돼.

전쟁이 다섯 달 이상 길어지던 어느 날, 몽골군이 갑자기 백기를 들며 화해를 청해 오지 뭐야.

"우리 이제 그만 싸우고 전쟁을 멈추자, 응? 우리가 선물도 줄게."

그러면서 보내 온 큰 상자 다섯 개!

상자 안에 황금을 가득 넣었으니 나중에 열어 보라나, 뭐라나. 어쩐지 찜찜하더라고.

'갑자기 황금 상자를 보낸다고? 수상한데?'

난 병사들에게 명령했어.

"절대 상자를 열지 마라! 상자는 튼튼한 밧줄로 꽁꽁 묶어라!"

그리고 살금살금 상자로 다가가서 구멍을 뽕 뚫고 들여다봤어.

역시나! 상자 속엔 황금은커녕, 칼을 품은 병사들만 가득!

병사들에게 엄~청 뜨거운 물을 가져오게 했지. 그리고 구멍 안으로 콸콸!

"앗 뜨거! 꽥!"

캬! 이러니 펄펄 끓는 물이 내 최애 무기가 될 수밖에.

뜨거운 물로 적군을 몰살시킨 난 상자에 금종이를 바른 뒤 적진으로 되돌려 보냈어.

적장은 화들짝 놀라 줄행랑을 놓았지.

하지만 내가 그걸 예측 못 했을 리 없잖아. 큭큭! 당연히 적군이 도망갈 길목에 병사들을 미리 매복시켜 두었지.

결국 몽골군은 전멸! 고려군은 큰 승리를 거두었어.

어때? 이 정도면 고려에 대한 보답은 충분히 한 거지?

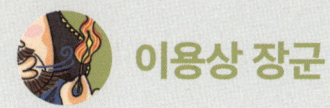 **이용상 장군**

좋아요 1253개

이용상, 화산 이씨의 시조가 되다!
이용상의 후손들이 그를 시조로 받들어, 본관을 '화산'으로 삼은 것. 그래서
'화산 이씨'는 베트남 리 왕조에서 유래한 한국의 성씨가 됨. ..... 더 보기

#이용상 #화산이씨 #베트남왕자 #화산이씨시조 #바로내가시조다

댓글 보기

- 베트남 출신 장군이 있었다니! 신기해.
- 화산 이씨는 지금도 한국과 베트남 양국의 가교 역할을 하고 있대.
- 베트남 정부는 리 왕조가 출범한 음력 3월 15일이면, 해마다 화산 이씨 사람들을 기념식에 초청한대.
- 2002년엔 베트남의 하노이 오페라 극장에서 공연도 했다던데. 화산 이씨의 시조가 된 이용상 왕자의 일대기를 공연했대.
- 와! 고구려 출신으로 당나라 장군이 된 고선지 장군님도, 베트남 출신으로 우리 고려 장군이 된 이용상 장군님도 대단! 그야말로 국제화 장군님들이네.

댓글 달기... 게시

최무선

무기 개발이라면 내가 최고!

전쟁에서는 뭐니 뭐니 해도 무기가 최고! 무기라면 내 무기가 최고지. 대체 무슨 무기를 가졌기에 텅텅 큰소리냐고? 펑! 펑! 보시라! 왜놈의 배도 한 방에 날릴 수 있는 초강력 폭발력의 화약!

생몰 연대 → 1325년~1395년		**닉네임** → 화약의 아버지	
최무선 뇌 구조	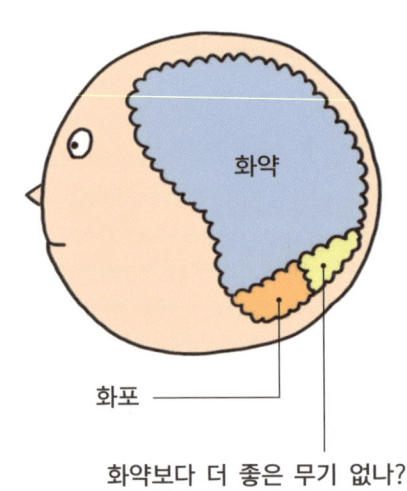 화약보다 더 좋은 무기 없나?	**특이 사항** → 죽을 때 아들에게 화약 제조 비법이 적힌 책을 남김. 결국 아들 최해산도 화약 제조법을 익히고 화포 개발에 힘씀.	
		강점 → 무기를 만들어 내는 타고난 발명 감각!	
		의외의 장기 → 사람 마음 사로잡기!	
대표 업적 → 한국에서 최초로 화약을 발명하고 화약 무기를 만들어 왜구를 섬멸하게 함.		**최애 무기 아이템** → 최강 폭발력의 화약! 튼튼한 군함과 화포	

고려 화약의 탄생 비화

고려 말기에는 왜구가 극성이었어.

놈들은 우리 바다를 제 바다처럼 드나들며 약탈과 살인, 방화를 일삼지 뭐야.

한데 우리 수군은 왜적을 막기에는 힘이 약한 상황! 뭔가 묘책이 필요했어. 내가 생각한 건 바로 무기!

'고려의 배는 튼튼하기로 유명해. 화포를 제작해서 배에서 발사를 하면!'

"좋아! 화약을 만들자!"

한데 우리 고려에는 화약을 만드는 기술이 없지 뭐야. 그 기술은 중국 원나라의 특급 비밀! 아무리 애를 써도 그 비밀을 캐낼 묘책이 없네.

그러다 때마침 기막힌 기회가 생겼어.

"원나라에서 화약을 만드는 전문가 이원이 고려에 왔다고?"

난 곧바로 달려가 이원의 마음 잡기에 나섰지.

정성껏 대접하는 건 기본!

"알려 주시오! 조금만! 응?"

살살 구슬려도 보고, "제발! 제발!" 하며 애걸복걸 매달리기도 했어.

절대 안 된다고 버티던 이원도 내 정성에 감복! 결국 제일 중요한 '염초 만드는 기술'을 알려 주었지.

드디어 고려표 화약 만들기 성공!

으흐흑! 얼마나 기쁘던지! 그날 난 펑펑 울었다니까.

그 길로 화포를 탑재한 군함을 몰아 왜구를 향해 초강력 화약을 펑! 펑!

히야! 얼마나 통쾌하던지!

어때? 무기에서는 우리 고려표 화약이 최고지?

화포를 탑재한 우리 고려 군함을 당할 자가 있으면 다 나오라고 해!

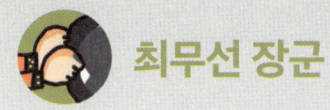 **최무선 장군**

♡ 💬 ➢   🔖

좋아요 1377개

**화약을 통해 최신 무기의 중요성을 알린 최무선 장군!
이번에는 임금님께 화통도감 설치를 건의해
화약과 무기를 전문으로 만드는 관청 탄생!** .... 더 보기

#최무선 #화통도감 #화약무기전문 #왜구야기다려라!

댓글 보기

- 와! 정말 대단해. 화통도감에선 그 뒤 화약 무기를 18개나 발명했대.
- 최무선 장군님이 이 무기들을 들고 나가서 왜구의 배 500척을 한꺼번에 무찔렀지.
- 맞아! 금강 하구의 진포에 침략한 왜구들을 싹 쓸어 버렸대.
- 장군님, 앞으로도 초강력 무기를 많이 만들어서 우리 백성을 지켜 주세요! 파이팅!

댓글 달기...   게시

최영

강직하기로는 내가 최고!

한 나라의 장군으로서 가장 중요한 게 뭘까? 물론 실력과 충성심이 최고 덕목! 그런데 또 하나! 강직하고 청렴한 성품도 아주 중요하지.
아무리 뛰어난 장수라도 재물과 권력을 탐하면 백성들의 근심거리가 되고 말거든. 그런 면에서 나는 이 나라 최고의 청렴, 강직 장군이라고 자부해. 그 이유를 들려줄게.

생몰 연대 → 1316년~1388년

닉네임 → 돌 장군. 고려 왕실 보호자(기울어 가는 고려 왕실을 끝까지 지키려 함.)

특징 → 고려 백성들의 '정치인 인기투표' 결과 1등! 최고로 숭배받은 장군!

특이 사항 → 강직한 충성심으로 고려 백성들의 흠모의 대상이었던 탓에, 죽고 나자 그를 받드는 사당이 전국에 수없이 생겨남.

최영 뇌 구조

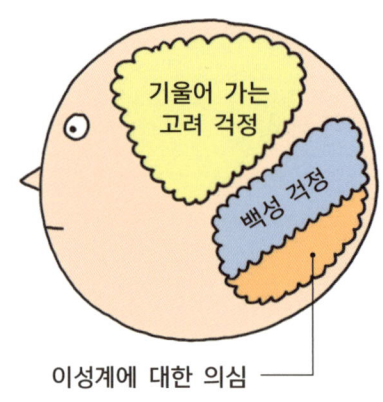

강점 → 한 번 충성을 다짐한 사람을 절대로 배신하지 않는 강직함!

단점 → 강직함이 지나치다 보니 새로운 시대의 흐름보다는 기존의 질서를 고집하는 꼰대 기질이 다소 있음.

최애 무기 아이템 → 대쪽 같은 성격을 닮은 번뜩이는 검!

대표 전투 → 1359년 홍건적의 침입에 이방실 등과 함께 적을 물리침. 1376년 왜구가 삼남 지방을 휩쓸자 홍산에서 적을 대파함.

대표 업적 → 고려의 대표적인 충신이자 명장으로 끝까지 고려에 대한 충성심을 지켜 냄.

좌우명
황금 보기를 돌같이 하라!

고려의 마지막 충신이 되리라!

'황금 보기를 돌같이 하라!'

나, 최영을 말할 때 꼭 따라붙는 말이야.

우리 아버지(최원직)는 내가 여섯 살 때 돌아가셨는데, 눈을 감으시며 이렇게 유언하셨거든.

"최영아, 평생 황금 보기를 돌같이 하며 살아라!"

권력이나 재물을 탐하지 말라는 말씀! 얼마나 멋진 말이야.

그날부터 난 아버지의 유언을 실천하며 살았지.

하지만 나라와 백성을 위해 외적을 물리치는 일에는 최고로 앞장을 섰어.

우리 땅을 침범해 온 원나라 군사들을 내쫓고, 서경을 침략해 온 홍건적을 두 차례나 박살내 버렸지.

그런데 나한테는 손발이 척척 맞는 단짝이 있었어. 바로 이성계 장군이었지.

못된 왜구들이 경상도와 전라도, 충청도까지 쳐들어와 노략질을 일

삼는 일이 많아졌는데, 그때 이성계와 난 힘을 모아 놈들을 내쫓아 버렸어. 히야! 그땐 정말 신나더라고!

　우리 둘이 힘을 합치니까 북으로는 홍건적을, 남으로는 왜구까지! 한 방에 뻥! 뻥! 정말 두려울 게 없더라니까! 그야말로 영혼의 단짝!

　그런데 그것도 오래 가질 못했어.

　이성계와 나 사이에 엄청난 갈등이 생겼거든. 잘 들어 봐.

　당시 중국은 원나라와 명나라가 교체되는 혼란의 시기였어. 지금까지 세력을 떨치던 원나라가 기울며 명나라가 부상하고 있었던 거야.

한데 어느 날, 명나라가 터무니없는 소릴 하지 뭐야.
"철령 이북 땅에 우리가 철령위를 설치하겠다!"
우리 땅을 제멋대로 가지겠다고? 참을 수가 없었지.
난 임금님에게 아뢰었지.
"명나라를 공격해 우리의 힘을 보여 줘야 합니다. 지금이 절호의 기회! 명나라는 건국한 지 얼마 되지 않아 내정이 불안하니, 이틈에 군사를 몰아 요동까지 쳐들어가는 게 좋겠습니다."
한데 이성계는 생각이 다르지 뭐야.
"지금은 시기가 좋지 않습니다. 군사를 움직이기엔 무더운 여름이고, 북방으로 병력을 이동하면 남쪽에서 왜구가 들끓을 겁니다. 게다가 명나라 같은 대국을 치기엔 우리 고려는 아직 힘이 모자랍니다."

하지만 왕의 선택은 나, 최영!

"이성계와 조민수는 군사를 몰고 가서 요동을 정벌하라!"

근데 사실 이성계에게 군대를 내준 건 고양이에게 생선을 내준 것과 진배없었지 뭐야.

명나라를 향해 달리던 고려군은 위화도에서 큰 장마를 만나 위기에 빠지게 되었어. 그러자 이성계는 왕명을 어기고 군사를 돌려 고려로 돌아와 버렸지 뭐야. 이 사건을 '위화도 회군'이라고 해.

왕명을 어겼으니 목숨을 부지하긴 힘든 상황! 그러자 이성계는 세력을 모아서 개경으로 쳐들어왔어. 고려 왕실이 위급해진 거야. 난 다급히 군사를 모았지.

"이성계 이놈! 어림없다! 고려는 내가 지킨다!"

한데 이성계에게 군사를 다 내주다 보니 남은 숫자가 너무 적지 뭐야.

으아아! 분하다, 분해! 내가 이성계를 믿은 게 잘못이었어.

결국 우왕은 강화도로 쫓겨나고, 난 고봉현으로 유배되고 말았지. 이성계는 새 나라 조선을 만들어 제1대 왕이 되고 말이야.

그 때문에 사람들은 이렇게 말하기도 해.

"최영은 변화하는 시대를 읽지 못하다가 이성계에게 당했다!"

물론 그렇게 말할 수도 있어. 하지만 결과만 보지 말고 과정을 봐 달라고! 비록 결과는 비참했지만 왕과 나라를 지키려는 내 충성과 강직함만은 진실이니까.

 **최영 장군**

내가 사는 동안 탐욕이 있었다면 무덤에 풀이 자랄 것이고, 결백하다면 무덤에 풀이 자라지 않을 것이다.

좋아요 1388개

결국 참형을 당한 최영 장군의 무덤이 화제!
마지막 유언대로 실제로 무덤에 풀이 나지 않기 때문. 그 때문에
최영 장군의 청렴하고 강직했던 삶이 다시 한번 조명받음. ..... 더 보기

#최영 #참형 #유언 #최영무덤 #무덤에풀안나 #나는결백하다

댓글 보기

- 세상에! 얼마나 억울하셨으면 저런 유언을 하셨을까?
- 난 좀 아쉽기도. 장군님이 이성계처럼 변화하는 국제 정세를 파악하는 능력이 뛰어났다면 더 훌륭한 장군이 되셨을지도 모르잖아.
- 난 반대! 당시엔 고려가 기울고 있었잖아. 정세를 민첩하게 파악했다면 최영 장군도 왕과 나라를 버렸겠지. 그래도 난 끝까지 고려를 지키려 한 장군에게 한 표!
- 나도! 나도! 그래서 고려 백성들에게 인기 짱 장군이셨던 거고.
- 발 빠른 새 소식! 세월이 흐르자 최영 장군 무덤에서도 풀이 자라나고 있다네요. 정말 다행이에요.

댓글 달기...   게시

우리도 고려 장군이거든!

김종연 난 왜구 격퇴 전문 장군! 왜구가 침입했다 하면 광주든 구례든 순식간에 달려가서 박살을 내 버렸지.

1389년에는 다른 장수들과 함께 쓰시마섬 정벌에 참여해서 큰 전과를 올렸어. 전투 뒤에는 잡혀 있던 우리 고려인 100여 명도 데리고 돌아왔다니까.

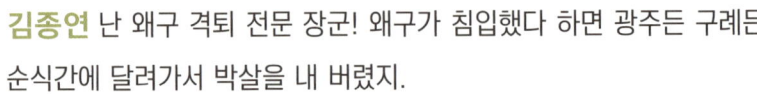

김취려 난 거란군 퇴치 전문 장군이야. 거란군이 우리 북방 지역으로 밀려왔을 때, 난 군사를 이끌고 가서 여러 곳에서 거란군을 물리쳤어. 또 거란을 토멸하겠다는 명분으로 공동 작전을 제의한 몽고군, 동진국과 힘을 합쳐 강동성을 함락시켰어.

김종현 귀주 대첩하면 강감찬 장군을 떠올리지. 그런데 이젠 내 이름도 기억해 줘. 강감찬 장군이 거란군과 싸울 때 나 김종현도 군사를 이끌고 구주로 가서 거란군을 패배시켰거든. 또한 북쪽으로 도망치는 거란군을 뒤쫓아 가서 공격했다고.

박서 나로 말할 것 같으면 고려 후기에 몽고가 침입해 왔을 때 귀주성을 지켜 낸 장군이야.

고려 말기, 몽고군의 살리타가 원정군을 이끌고 쳐들어왔어. 태풍처럼 무섭게 밀려온 몽고군은 고려 국경 요충지들을 장악하며 귀주성 북방 앞까지 왔어! 우리 고려는 아주 급박한 상황이 되어 버렸지. 난 김경손 장군과 손을 잡고 귀주성 지키기에 돌입! 몽고군의 무지막지한 공격에 별별 작전을 다 벌여야 했어.

결국 놈들이 방심한 틈을 노려 기습 작전 실시! 30대의 어마어마한 대포차 공격엔 포차로 돌을 날려 막는 맞불 작전을 벌였어. 또 불을 질러 성을 공격해 올 땐 물에 갠 진흙을 던져 불 끄기 작전! 햐! 그야말로 목숨을 건 혈전이었지.

그러자 한 달간의 처절한 전투 끝에 먼저 지친 건 적군!

"저리 적은 것으로 큰 것을 막아 내다니! 하늘이 돕는 게 분명하다. 절대 이길 수가 없겠어."

적군은 혀를 절절 내두르며 물러나 버렸지.

강영 고려 말기에 우리 고려군이 부여에 침입한 왜구를 멋지게 토벌했던 전투가 있었어. 이름하여 홍산(지금의 부여 지역) 대첩! 당시 왜구를 좁고 험한 곳으로 유도해 물리친 고려의 장군이 바로 나, 강영이야.

조선

남이

억울하기로는 내가 최고!

뭐가 그렇게 억울하냐고? 아……, 그건 말로 다 못 해. 그 생각만 하면 억장이 무너지고 눈물이 펑! 펑! 오죽하면 내가 이렇게 『장군 열전』에까지 나와서 한풀이를 하려고 하겠어. 내 사연을 좀 들어 봐.

생몰 연대 → 1441년~1468년

닉네임 → 억울 장군. 뛰어난 머리로 짜 낸 전투 전략으로 전략 짱으로 불림.

특징 → 걸음마를 뗄 무렵부터 글을 줄줄 외웠다는 신동! 아무리 어려운 책도 한 번 보면 다 외움.

인물 관계도

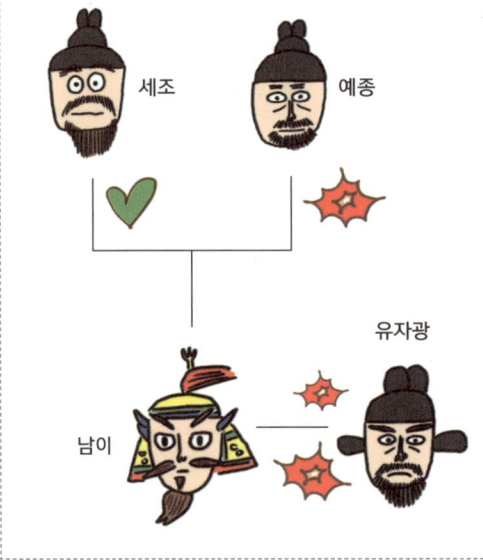

특이 사항 → 젊은 나이에 억울하게 죽은 남이 장군을 기리는 구비설화가 많이 전함. 서울 용산구의 남이 장군 사당에서는 남이장군사당제가 열림.

강점 → 혈기와 두뇌를 두루 갖춘 젊은 피!

단점 → 워낙 젊다 보니 욱! 하는 성질이 있음.

대표 전투 → 이시애의 난과 건주 여진 정벌

최애 무기 아이템 → 잘 훈련된 조선 군사

사랑둥이의 비극

나의 어린 시절은 그야말로 '사랑둥이'였어.

어려서부터 총명해서 부모님과 주변 사랑을 엄청 받았거든. 사랑을 안 받을 수가 없는 캐릭터였던 거지! 흠!

임금이신 세조도 나를 무척 사랑하셨어.

세조 13년이 되던 해에 함길도(지금의 함경도)에서 이시애의 반란이 일어났는데, 내가 다른 장군들과 함께 3만 대군을 이끌고 가서 평정해 버렸거든. 중국 여진족도 정벌하고 말이야.

"젊은 장군이 어찌 이리 용맹하단 말이냐. 하하하!"

세조는 나를 총애해 자꾸 벼슬을 승진시켜 스물일곱 살에 병조판서(지금의 국방부 장관)라는 높은 자리에까지 임명하셨지.

그런데 그 사랑이 화가 될 줄이야!

"젊은것이 임금의 총애만 믿고 날뛰다니! 두고 봐라!"

나이 많은 신하들의 시기를 받게 된 거야.

세조가 죽고 예종이 왕위에 오르자 나를 향한 공격이 더 심해졌어. 특히 유자광이란 자는 날 잡아먹지 못해 안달이었지.

그래서 기막힌 일을 꾸몄지 뭐야. 내가 전쟁터에서 쓴 시를 가지고 모함을 한 거야.

백두산에 있는 돌은 칼을 갈아서 닳아 없애고
두만강 물은 말을 먹여서 다 말라 없애리라.
사내대장부가 나이 스물에
나라를 평안하게 하지 못한다면

후세에 누가 대장부라고 부르겠는가.

 이 시에서 '나라를 평안하게 하지 못한다면'을 '나라를 얻지 못한다면'으로 바꿔서 임금께 보인 거야. 즉 나를 임금 자리를 노리는 역적으로 만든 거지. 정말 기가 막히고 코가 막히더라니까!
 그 뒤엔 어찌 됐냐고? 그길로 잡혀가서 고문을 당하고서 그만…….
 으으! 내 나이 고작 스물여덟이었다니까!
 어때? 내가 왜 이렇게 억울해하는지 알 만하지?

 **남이 장군**

좋아요 198개

남이섬의 '남이'는 바로 남이 장군!
장군의 가묘와 추모비가 이 섬에 있는 탓에 붙여진 이름. ..... 더 보기

#남이장군 #남이섬 #춘천 #기억해 #남이섬은장군이름

댓글 보기

- 와! 그 남이가 이 남이일 줄이야.
- 남이 장군의 억울한 누명은 밝혀졌나요?
- 순조 임금 시절에 누명을 벗고 사면되어 관작이 복구됐다네요.
- 그럼 뭐 하나. 이미 죽은 뒤인데. 남이 장군의 어머니도 당시 처형되고, 딸은 노비가 되었다니 얼마나 억울할까.
- 남이섬에 가면 남이 장군의 억울함을 위로하는 기도라도 올려야겠네. ㅠㅠ

댓글 달기... 게시

최윤덕

힘이라면 내가 최고!

우리 조선이 태조 이성계가 세운 500여 년의 역사를 가진 나라인 건 알지? 그 역사 동안 최고의 성군이라면 역시 세종대왕님! 그런데 바로 그 세종께서 가장 아끼신 장군이 누군 줄 알아? 바로 나야, 나! 최윤덕! 왜냐고? 알고 싶으면 지금부터 내 이야기를 잘 들어 봐.

생몰 연대 ➜ 1376년 ~ 1445년

닉네임 ➜ 호잡 장군(호랑이를 잡은 장군)

특징 ➜ 힘이 엄청 셈. 글공부 실력도 뛰어나 열여덟 살에 소과에 급제

특이 사항 ➜ 무관인데도 최고의 문관 직책인 좌의정까지 오름. 대대로 무관 집안! 할아버지도 고려의 장수, 아버지 최운해는 백성을 사랑한 명장으로 불렸는데, 조선을 건국한 태조 이성계를 따라 위화도에서 회군함. 그 공로로 원종공신에 책봉됨.

인물 관계도

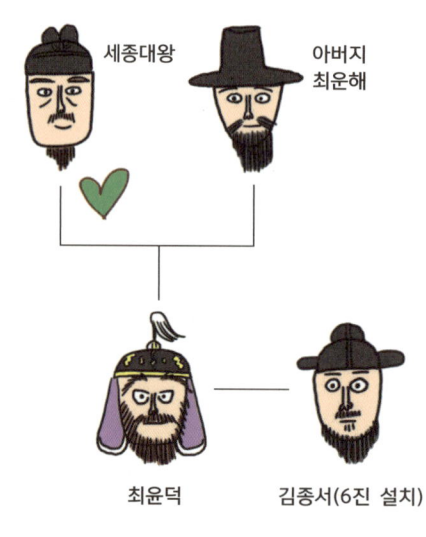

강점 ➜ 거대한 체구와 달리 섬세하고 신중한 성격

대표 전투 ➜ 1419년 이종무 등과 함께 쓰시마섬을 정벌. 1432년 여진이 국경을 넘어 침략해 오자 토벌. 1434년, 여진족이 다시 침략해 오자 다시 출정

대표 업적 ➜ 대마도 정벌과 4군 설치, 읍성 축조 등 조선 전기 국방 체계 강화에 큰 공을 세움.

최애 무기 아이템 ➜ 명궁으로 최고 무기는 활. 강궁을 당기고 단단한 화살을 쏨.

호랑이 잡은 손으로 적을 잡다!

 난 처음부터 장군이 될 운명이었어. 할아버지 때부터 대대로 장수 출신 집안에서 태어났거든. 집안이 장군 집안이니 귀하게 자랐겠다고?
 천만에! 어릴 때 어머니를 여의고, 아버지는 변방을 지키느라 멀리 계신 탓에 난 다른 이의 손에서 자라야 했어. 그는 마을에서 사냥을 하면서 그릇을 만들어 파는 사람이었는데, 신분이 낮았어.
 그런데 그게 나한테는 큰 행운이었지 뭐야. 사냥꾼 손에 키워지다 보니 자연스레 사냥과 무예를 배울 수 있었거든. 게다가 난 어릴 때부터 유난히 힘도 셌어.

어디 그뿐이야? 공부 실력도 뛰어나서 열여덟 살엔 소과에 급제! 어린 나이에 벌써 벼슬길에 올랐지. 험험! 뭐 내 자랑은 이 정도면 충분!

그 뒤 아버지를 따라 전투에 거듭 참전하면서 무관으로서 명성을 떨치게 되었지.

그래도 내 업적은 역시 4군 설치! 4군 설치가 뭐냐고? 잘 들어 봐.

그 당시에는 북쪽에 여진족이 있었는데, 자꾸 우리 조선을 침략하지 뭐야. 식량이나 생필품이 필요하다며 약탈하기 위해서 말이야.

그러자 세종께서 단호한 결심을 하셨어.

"우리 땅을 탐하고 백성을 괴롭히는 건 가만둘 수 없다. 여진족을 정벌하겠다. 최윤덕은 압록강 상류, 김종서는 두만강 일대를 정벌하라!"

왕께서 나를 믿고 큰일을 맡기셨으니 영광도 이런 영광이 없지 뭐야.

난 최선을 다해 여진족 정벌에 나섰지.

한데 가만 보니 여진족과의 싸움은 속전속결이 관건이더라고. 이미 여진의 정찰병들이 우리 조선군이 대대적인 원정 준비를 하고 있단 걸 알아낸 거야. 여진족들은 급하게 도망을 치는 상황!

하지만 이대로 보낸다면 우리가 방심한 사이 또 공격할 게 뻔해. 난 병사들에게 지시했지.

"속전속결 작전이다! 빠르게 진격해서 신속하게 적을 무찔러라!"

우리 대규모 조선군은 길을 나누어 신속하게 달려 나갔어. 각자 맡은 구역을 빠르게 공격하는 그야말로 속전속결 작전!

결국 우리 조선군은 작전에 성공하며 적은 희생으로 큰 승리를 거둘 수 있었지. 그리고 압록강 상류인 여연군, 자성군, 무창군, 우예군 등에 성을 쌓고 방어 진지를 만들었는데, 이것을 4군이라고 해.

김종서도 마찬가지로 여진 정벌에 성공하며 두만강 하류 지역인 종성, 온성, 회령, 경원, 경흥, 부령에 6진을 설치했어.

즉 4군 6진은 군사적인 목적으로 만든 행정 구역이었던 거지.

왕이 이루고자 하는 바를 거침없이 해낸 나, 최윤덕!

이러니 세종께서 날 신임하고 총애하실 수밖에.

힘도 세고, 공부도 잘하고, 임금의 총애까지 받았던 장군! 이 정도면 최고의 장군이라고 할 만하지?

이천

과학이라면 내가 최고!

능력이 뛰어난 사람은 두 가지, 세 가지 직업을 가지고도 모두 잘해 내는 법! 바로 나, 이천이 그런 사람이야. 장군이면 장군! 발명이면 발명! 뭐든 척척 해낸 과학자 장군이거든. 뭘 발명했냐고?

생몰 연대 ➔ 1376년~1451년	닉네임 ➔ 과학 장군
인물 관계도  세종대왕 ♥   이천 제자 장영실	특징 ➔ 무술에도 능통! 수학과 천문학엔 더 능통!
	특이 사항 ➔ 세종 임금의 두터운 신임을 받음.
	최애 무기 아이템 ➔ 과학적으로 개량하고 발전시킨 화포와 군함!
	대표 업적 ➔ 세종의 명을 받아 금속 활자인 경자자와 갑인자를 만듦. 표준 저울을 만들어 전국에 배포! 중국에서 배워 온 기술로 사륜차 개발! 간의·혼의·앙부일구 등 천문 기구 제작을 지휘!

과학적인 무기가 중요해

과학적인 내 재능이 빛을 발한 건 충청도 병마절도사로 있을 때야.

당시 난 전투 때 타고 나갈 병선을 살피고 있었는데, 큰 문제가 발견된 거야.

"물에 잠기는 배 바닥 부분이 너무 빨리 썩는구나. 해결 방법이 없을까?"

고민 끝에 난 갑조법(판자와 판자를 이중으로 붙이는 방법)을 이용해 문제점을 보완했지. 그리고 더 크고 더 빠른 병선을 만들어서 왜구들과 맞서 싸웠어.

나에 관한 소문이 바람을 타고서 궁궐까지 솔솔 흘러들어 갔나 봐.

하루는 임금님(세종)이 나를 공조참판 자리에 턱 앉히며 말씀하시네.

"짐은 금속 활자를 만들 것이다. 그러니 이천은 활자 제작에 힘을 쏟도록 하여라!"

캬! 임금께서 내 재능을 알아보신 거지.

물론 난 감지덕지! 온 힘을 우리 조선의 과학 발전에 쏟아부었어.

그 뒤 내 이름 앞에 붙는 수식어는 '세종 시절 인쇄술 발전에 공헌한 대표적인 과학자! 장영실과 함께 세종의 천문대 사업을 이끈 과학자!'

어때? 이 정도면 과학에선 내가 최고의 장군이지?

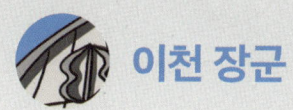 이천 장군

좋아요 590개

**세종 시대의 과학 발전을 이끈 두 인물, 이천과 장영실!
이천은 장영실의 스승이자 후견인으로 함께 천문대 사업을 이끌며
조선의 과학 발전에 큰 공을 세움. .... 더 보기**

#세종대왕 #장영실 #이천 #천문대 #조선과학발전공헌 #과학이미래다

댓글 보기

 그 스승에 그 제자!

🟡 스승과 제자가 도우며 같은 길을 가는 모습 보기 좋아요.

🔴 정말 마음이 훈훈해지는 모습이에요.

🔵 이런 소식은 널리 멀리 알려야 해. 좋아요, 꾹! 꾹!

⚪ 나도 이런 스승이 돼야지. 나, 초등 교사!

⚪ 댓글 달기...   게시

이순신

명성이라면 내가 최고!

알고 있나? '우리나라 위인 인기투표'에 내 이름은 늘 상위권이란 걸. 명성이나 인기만으로 최고의 장군이라고 할 순 없다고? 그건 그렇지! 허나 그 명성과 인기에 그 이유가 충분하다면? 자, 지금부터 나, 이순신의 활약상을 들어 봐.

생몰 연대 → 1545년~1598년

닉네임 → 무패신화

시호 → 나라에 큰 공을 세운 걸 인정받아 죽은 뒤 '충무'라는 시호를 받아 충무공으로 불림.

특징 → 모든 전투 올 승리! 단 한 번의 패배도 없는 완전무결 전투 성적!

이순신 뇌 구조

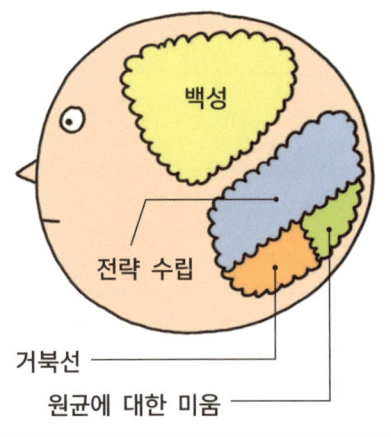

- 백성
- 전략 수립
- 거북선
- 원균에 대한 미움

최애 무기 아이템 → 왜적들의 간담을 서늘하게 만드는 거북선! 최무선의 기량으로 업그레이드 된 화포! 장군을 믿고 따르는 최강 조선 해군! 학익진 전법!(학이 날개를 편 듯 둥글게 배들을 배치해 적의 배를 둘러싸 공격) 원래 육지에서 쓰는 전법인데, 해전(한산도 대첩)에서도 사용해 크게 승리함.

특이 사항 → 단 한 번의 패배도 없는 전투 경력으로 세계 해전사에도 기록됨.

강점 → 전투 전략의 달인! 적의 약점을 기막히게 포착해 내는 동물적 감각!

대표 전투 → 옥포 해전, 당포 해전, 한산도 대첩, 부산 해전, 명량 대첩, 노량 해전 등 너무 많아서 입이 아플 지경!

대표 업적 → 임진왜란 당시 왜적을 물리쳐 위기의 조선을 구함.

이순신표 거북선의 탄생

1591년 봄, 나라 안은 왜적이 곧 쳐들어올 거란 소문이 들끓고 있었어.
당시 전라 좌수사로 바다를 지키고 있던 난 긴장했지.
"섬나라인 왜는 수군(해군)의 위력이 대단해. 우리 바다가 위험하구나."
그런데 궁궐에서는 엉뚱한 소리만 흘러나오지 뭐야.
"전쟁이 난다 해도 육군만 기르면 되지. 수군은 필요 없어. 암!"
헐! 완전 판단 실수! 나만이라도 정신을 바짝 차려야겠더라고.

난 수군을 정비하고, 바닷가에 성을 쌓게 했어. 그래도 전투에 중요한 건 바로 무기!

"총통과 불화살을 준비하라!"

하지만 적을 벌벌 떨게 할 최강 무기가 없는 상황! 고민과 연구 끝에 나온 건 바로 거북선!

기존에 있던 전투선을 더 강력하게 개량했지.

1592년! 마침내 20만여 명의 군사를 이끌고 일본이 쳐들어왔어. 임진왜란이 터진 거야. 나라의 운명은 그야말로 바람 앞의 등불!

하지만 걱정 마! 나, 이순신과 조선의 수군, 그리고 거북선이 있잖아.

"이놈들! 우리 수군이 결코 만만치 않단 걸 알려 주마!"

조선 수군의 작전 포인트는 거북선!

적선의 한가운데로 거북선을 들여보내며 적군의 지휘선을 쾅! 들이받았어.

그러자 놀란 왜군은 우왕좌왕! 조총을 마구 쏘아 대며 저항하지만 철판을 씌운 거북선을 뚫을 순 없었지.

오히려 거북선에서 쏘아 대는 탄환과 불화살에 놈들은 허둥지둥! 그러니 우리 수군은 연승을 이어 갈밖에!

옥포 해전 승리! 당포 해전 승리! 한산도 대첩 승리! 부산 해전과 명량 대첩도 승리!

우리는 완승 신화를 이뤄 갔지.

그래도 가장 기억에 남는 건 바로 명량 해전! 정말 어려운 환경에서 힘들게 이룬 승리였거든.

당시 난 원균의 모함으로 고문을 당하고 옥에 갇혔다가 풀려난 뒤였어. 원균이 죽은 뒤 다시 삼도 수군통제사로 돌아왔지만, 수군의 상황은 그야말로 위기일발!

내가 없는 사이 패배를 거듭하며 남은 거라곤 부서진 배 12척과 120여 명의 군사뿐!

그래도 난 희망을 잃지 않았지.

"배를 한 척 더 구했으니 모두 열세 척! 그 정도면 해 볼 만해."

병사들에게도 있는 힘껏 소리쳤어.

"죽으려 하면 살고, 살려 하면 죽을 것이다. 죽기를 각오하고 싸우자!"

"와!"

우리 수군의 함성이 바다를 쩌렁쩌렁 울렸지.

드디어 다시 왜적을 향해 바다로 출발! 일단 적을 울돌목(명량 해협)으로 유인했어. 그곳은 육지와 육지 사이에 낀 아주 좁은 바다로 물살이 빠르기로 유명했거든.

자, 작전 개시!

좁은 물길에 쇠사슬을 몰래 쳐 놓고 놈들이 오기를 기다렸어. 그러다가 물살의 방향이 우리 수군에게 유리하게 바뀌는 그 순간!

"공격하라!"

물살과 우리 수군의 갑작스런 공격에 왜적의 배는 우왕좌왕!

이번에는 쇠사슬 공격 개시!

좁은 물길에 쳐 놓은 쇠사슬을 당기는 순간, 사슬에 걸린 왜적의 배는 우당탕탕 부서졌어.

그 순간, 통과 불화살로 다시 공격!

"으아악!"

놈들은 비명을 지르며 물귀신이 되고 말았지.

이것이 바로 그 이름도 유명한 명량 대첩이야. 단 13척의 배로 133척의 적함을 물리친 기적의 전투!

어때? 이 정도면 세계 해전사에 기록될 만하지?

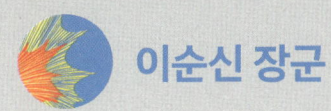 이순신 장군

좋아요 1598개

노량 해전! 장군님의 마지막 전투가 되다!
도망가는 적군을 쫓아 총공격을 퍼붓던 이순신 장군,
적의 총탄에 맞아 쓰러지다. .... 더 보기

#이순신 #노량해전 #누가감히장군님쐈냐 #유언 #내죽음을적에게알리지말라

댓글 보기

- 어떡해! 장군님은 어떻게 됐데요?
- 흑흑! 돌아가셨다는 …….
- 근데 장군님께서는 눈을 감는 그 순간에도 나라 걱정뿐이었네. 숨을 거두시며 하신 말씀이, "지금 전투가 한창이니 내가 죽었다는 말을 입 밖에 내지 말라."라니.
- 에구! 그 소식에 군사들이 힘을 잃을까 봐 그러신 거지.
- 으흐흑! 장군님! 편히 잠드세요.

댓글 달기... 게시

권율

아이디어라면 내가 최고!

'행주치마'가 어디서 생긴 말인 줄 알아? 바로 나, 권율의 대표 전투인 행주 대첩에서 생긴 말이라고. 나도 임진왜란 때 왜적을 물리치며 큰 업적을 남긴 조선의 장군이거든. 지금부터 행주 대첩 이야기를 잘 들어 봐.

생몰 연대 → 1537년~1599년

닉네임 → 행주치마의 전설

특징 → 영의정 아버지를 둔 뼈대 있는 집안의 금수저 출신. 남의 시선은 별로 신경 쓰지 않는 털털한 성격!

인물 관계도

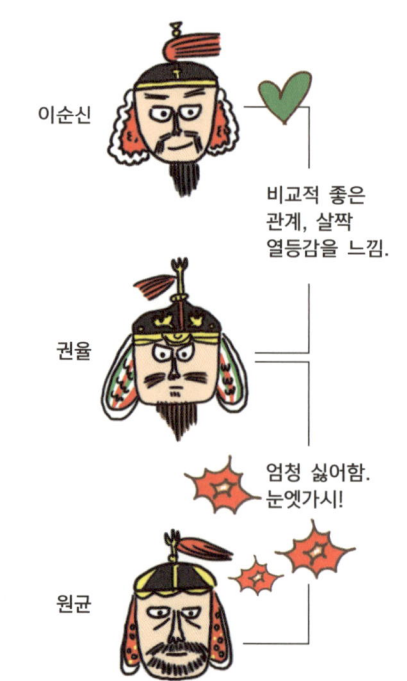

이순신 — 비교적 좋은 관계, 살짝 열등감을 느낌.

권율

원균 — 엄청 싫어함. 눈엣가시!

특이 사항 → 날아드는 총알과 화살을 막고자 구리 가마솥을 머리에 뒤집어썼다는 소문. 믿거나 말거나!

대표 업적 → 임진왜란 때 군대를 총지휘했고, 행주 대첩 등에서 승리를 거둠.

대표 전투 → 행주 대첩

최애 무기 아이템 → 돌멩이

임진왜란과 행주치마

임진왜란에 이순신 장군만 있었던 것처럼 말하는데, 사실 나 권율의 업적도 만만치 않아.

문신 집안 출신으로 벼슬길에 올랐지만, 전쟁이 터지고 위급한 상황이 되자 나도 칼을 들고 전쟁터로 달려가 열심히 싸웠거든.

나의 대표 전투인 행주 대첩에 대해선 들어 봤지?

당시 난 1만 명의 군사를 이끌고 행주산성으로 들어가 3만 명이나

되는 왜군을 맞아 치열한 전투를 벌여야 했어. 나라와 백성을 지키려면 죽기 살기로 왜군을 막아 내야 하는 상황!

"죽기로 막아야 한다! 무조건 막아야 한다!"

벌 떼처럼 성 위로 올라오는 적군들을 향해 총통을 설치하고, 펑! 펑!

안 되겠다 싶어진 적군은 화살에 불을 붙여 불화살을 피슝! 피슝!

"불을 막는 건 물이다. 물을 날라서 부어라!"

이에 성안 부녀자와 노인 들까지 나서 물을 나르면, 군사들은 불화살을 향해 물을 콸! 콸!

하지만 긴 싸움에 화살도 포도 바닥이 나고 말았지.

"이젠 어쩌나?"

남은 건 성안의 돌멩이들뿐. 이젠 죽기 아니면 까무러치기!

"돌을 날라라!"

돌 던지기 작전에 돌입한 거야.

부녀자들은 앞치마를 부여잡고 돌멩이를 담아 날랐지. 그럼 남자들은 그 돌멩이를 화살 대신 적을 향해 던졌고 말이야.

그러자 적군은 기가 질려 고갯짓만 절레절레! 결국 물러나고 말았지.

캬! 정말이지 성안의 모든 사람이 힘을 모아서 일궈 낸 멋진 승리였다니까.

한데 그 뒤부터 '행주치마'란 말이 생겼지 뭐야. 부녀자들이 돌멩이를 나르던 앞치마를 '행주 대첩에서 쓴 앞치마'라며 '행주치마'라고 부르게 된 거지.

 **권율 장군**

좋아요 1593개

임진왜란 당시 가장 기억에 남는 전투 3개 선정!
이름하여 임진왜란 3대 대첩! .... 더 보기

#권율 #이순신 #한산도대첩 #진주성대첩 #행주대첩 #임진왜란3대대첩 #다뽑으면안되나

댓글 보기

- 진주성 대첩은 뭐죠?
- 1592년에 3만여 명의 왜군이 진주성을 총공격했어요. 놈들은 조총을 쏘고, 사다리를 놓고 성벽을 기어오르는 등 맹렬한 공격을 펼쳤죠. 그때 진주 목사 김시민의 지휘 아래 수천 명의 조선군이 백성들과 힘을 합쳐 성을 방어하고 승리한 전투예요.
- 헐! 장군이 특별히 없었는데도 승리를 했다고?
- 그래서 더 대단한 승리로 평가받고 있죠. 적에 맞서 무기가 될 만한 건 무엇이든 다 사용하다 보니, 전투가 끝났을 땐 성안에 기와와 돌, 초가지붕, 나무까지도 남아나지 않은 상황!
- 돌도 남지 않은 상황! 행주 대첩과 진주성 대첩은 돌의 전쟁?

댓글 달기... 게시

의병장도 장군이거든! 백성들의 장군!

의병장 곽재우

무관 출신인 장군과 군인만 나라를 위해 싸운 건 아니야. 행주 대첩을 보면 알겠지만 우리 백성들도 목숨을 걸고 싸웠거든. 그 백성들을 이끈 건 이름 없는 의병장들이었지.

그러니 우리 같은 의병장들의 이야기도 들어 줘.

난 이순신 장군님과 비교될 정도로 실력을 인정받은 의병장이야.

'바다에선 이순신! 땅에서는 곽재우!' 이런 말까지 있었다면 알 만하지?

나, 곽재우는 임진왜란이 터지자 의병장으로 나섰어.

의병은 나라가 외적의 침입으로 위급할 때 스스로 나서서 외적에 대항해 싸우는 백성을 말해. 그 대장으로 내가 나선 거지.

왜 그랬냐고? 무능한 임금과 대신들이 왜적의 침입에 맞설 준비를 미처 못 한 터라 누구라도 나서 나라를 지켜야 했기 때문이지.

나를 시작으로 전국에 수많은 의병이 일어났으니, 당시 백성들의 절박함이 어느 정도였는지 알 만하지?

하지만 변변한 전투복도 무기도 없는 우리 의병이었으니 얼마나 힘들었겠어?

뭐? 전투도 제대로 못 해 보고 당하지 않았냐고? 모르는 소리!

장군이 전투에 본격 참가하기 전인 임진왜란 초기! 당시 전투에서 유일하게 왜군에 맞서 승리를 거둔 군대가 바로 우리 의령 의병이었다고!

비록 적은 병사였지만 유격전을 벌이며 죽기 살기로 싸운 거지. 그러니 임진왜란을 이야기할 때는 우리 의병들도 잊지 말아 줘.

의병장 사명당

"나무관세음보살!"

난 절을 지키던 중이야. 하지만 전쟁이라는 위기 앞에서 신분이 무슨 상관! 나도 목탁 대신 무기를 들고 의병장으로 나섰지.

임진왜란이 일어났을 때 내 나이 마흔여덟! 당시 난 금강산 유점사라는 절에 있었는데, 왜적의 침입으로 위기에 빠진 근처 고을의 백성들을 구출하는 데 앞장섰어.

그리고 승병을 모아 평양 근처 순안으로 가서 스승이신 의병장 휴정(승려 출신 의병장으로 서산대사로 불림)과 합류했지.

그 뒤 승병 2천 명을 이끌고 1593년 1월 평양성 전투에 참전! 큰 성과를 올렸어.

우리는 서울 근교에서 벌어진 노원평 전투에서도 큰 전과를 올렸는데, 이 전투는 왜군을 한양에서 물러나게 만든 계기가 되었지.

어때? 대단하지?

임경업

의리로는 내가 최고!

나는 말이야, 유명한 소설의 주인공이야. 조선 시대에 나온 영웅 소설 『임경업전』의 주인공이 바로 나거든. 어떻게 소설의 주인공까지 되었냐고? 그건 우리 조선을 사랑한 내 충성과 절개 때문이야.

생몰 연대 → 1594년~1646년	닉네임 → 소설 경업
임경업 뇌 구조 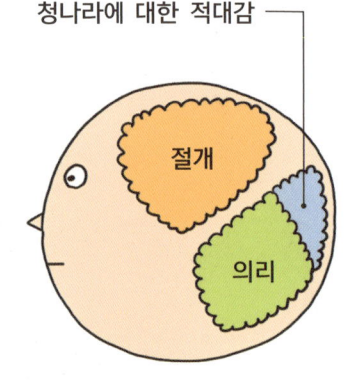 청나라에 대한 적대감 / 절개 / 의리	특징 → 한 번 맺은 인연을 소중히 여기며 좀처럼 마음을 바꾸지 않음.
	특이 사항 → 소설 『임경업전』의 실제 모델! 소설에 등장하는 눈속임 절략에 강함. 적을 속여 함정에 빠지게 함.
대표 전투 → 병자호란 당시 크게 활약함.	강점 → 세심하게 전략을 세워 공격함.

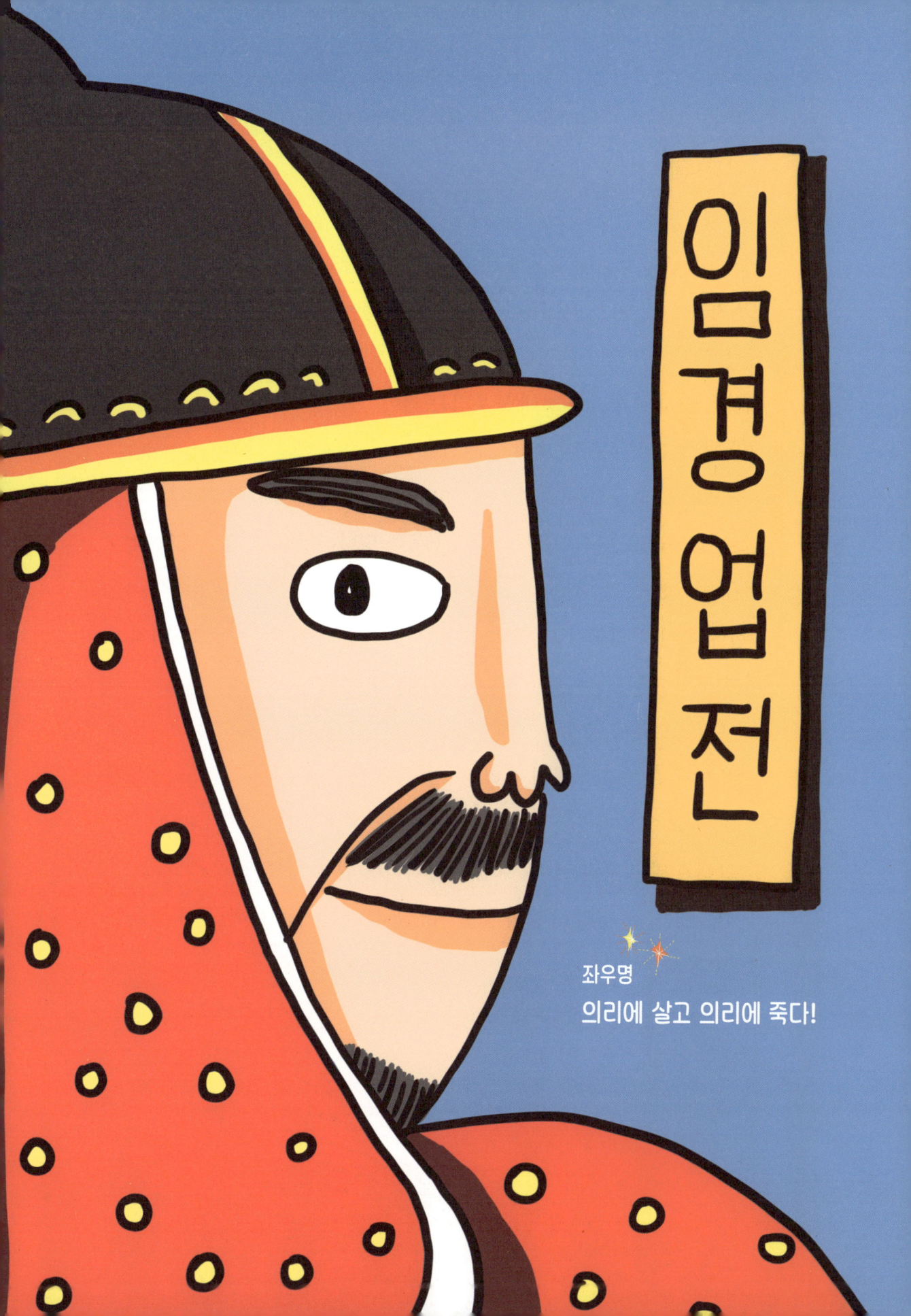

차라리 죽음을 택하노라!

난 1618년에 무과에 급제해 장수가 되어 병자호란 때 크게 활약했어. 병자호란은 청나라가 조선을 침략한 전쟁이야. 그런데 병자호란이 끝난 뒤에 청나라가 우리 조선에 군대를 요청했지 뭐야. 명나라를 공격하려고 하니 병사를 보내 도우라는 거야.

나 참! 기가 막혀서!

조정에선 청나라의 요청을 들어주기로 했지만, 난 배알이 꼴려서 그럴 수 없더라고. 나라의 명을 어기고 몰래 명나라와 통해 청나라의 작전을 방해했지. 그 때문에 청나라에 잡혀가는 신세가 됐지만 말이야.

한데 청나라 임금이 내 실력과 절개를 높이 사며 날 살살 꼬드기지 뭐야.

"우리 청나라에 충성을 맹세하면 목숨을 살려 줄게."

헐! 이 무슨 콧구멍 막힐 소리!

"어서 죽여라! 나라를 배신하느니 죽음을 택하겠다!"

"그러지 말고 우리 편 해. 그럼 떵떵거리며 살게 해 줄게. 응?"

"하늘에는 두 개의 태양이 있을 수 없고, 신하에겐 두 임금이 있을 수 없다! 죽여라!"

결국 마음을 돌릴 수 없단 걸 깨달은 청나라 왕은 날 조선으로 돌려보내 주었지.

어재연

장렬함으론 내가 최고!

혹시 신미양요란 말 들어 봤어? 신미양요는 '신미년에 서양 세력이 일으킨 전쟁'이란 뜻으로, 우리 조선군과 미군 사이에 벌어졌던 전쟁이야. 나, 어재연은 바로 그 전쟁의 영웅으로 불려. 어느 전쟁보다 장렬했던 신미양요의 전투 이야기를 들어 봐.

생몰 연대 ➜ 1823년~1871년		**닉네임** ➜ 신미년의 영웅
어재연 뇌 구조	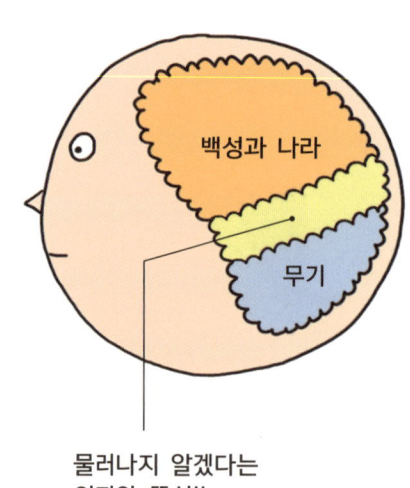 물러나지 알겠다는 의지와 뚝심!!	**특이 사항** ➜ 적군이던 미군의 기록에 의하면 광성보 전투(신미양요 때 강화도 광성보에서 벌어진 전투)에서 조선의 군사들은 항복을 모르는 용감한 군사들이었다고 함. 이 전투에서 어재연은 무기가 바닥나자 맨손으로 싸우다 장렬히 전사함.
		강점 ➜ 절대 물러나지 않는 승부사!
		최애 무기 아이템 ➜ 대포알! 다급한 지경에선 맨손으로 대포알을 던지며 항전!
대표 전투 ➜ 병인양요(1866년에 프랑스 군대가 강화도를 침범한 사건), 신미양요(1871년에 미국 군함 5척이 강화도 해협에 침입한 사건)		**대표 업적** ➜ 강화도 앞바다에 침입한 프랑스와 미국에 맞서 싸워 나라를 지킴.

미국 군함을 막아라!

조선 후기에 우리 조선은 쇄국 정책을 펼쳤어. 쇄국 정책이란 서양과 교류를 하지 않겠다고 문을 꼭꼭 걸어 잠그는 정책이지.

사실 변화하는 국제 정세에 뒤떨어지는 정책이지만 뭐, 그건 우리나라 마음인 거잖아. 안 그래?

한데 하루는 미국의 무역선인 제너럴셔먼호가 턱 나타나서는 "문을 열라. 교류를 하자." 하며 떼를 쓰지 뭐야.

화가 난 우리 백성들은 그 배를 확 불태워 버렸지.

사실 좀 심하긴 했어. 그건 나도 인정!

그런데 이 사건을 빌미로 미국이 통상을 요구해 오지 뭐야. 강화도에 미국 군함과 군사까지 보내면서 말이야.

우리는 계속 "NO! NO!"

그러자 미국 군함은 강화도 손돌목까지 와서 우리 병사를 향해 대포를 펑! 펑!

"어재연은 군사를 끌고 가 미국 군함을 막아라!"

임금님의 명을 받은 난 군사 600여 명을 이끌고 강화도로 출전!

한데 우리 무기는 미국의 최신식 무기 앞에선 속수무책이지 뭐야.

난 맨손으로 대포알 10여 개를 집어 던지며 돌격을 강행했어.

"맨손으로라도 싸워라!"

그야말로 맨손 투혼의 장렬한 전투가 벌어진 거야.

그리고 난 그만 전투에서 전사를 하고 말았지.

그래도 난 후회 안 해. 나라와 백성을 위해 바친 인생이라 한 점 후회도 없거든.

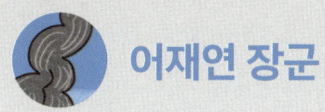 **어재연 장군**

♡ 💬 ➤   🔖

좋아요 523개

**드디어 어재연 장군의 수자기를 되돌려 받다!
신미양요 당시 어재연 장군이 지휘할 때 사용한 깃발,
수자기를 미국군이 약탈! 2007년 10월! 드디어 오랜 노력 끝에
수자기를 136년 만에 되돌려 받게 됨. .... 더 보기**

#어재연 #신미양요 #미군약탈 #수자기되찾아 #나는아직배가고프다 #가져간거 #다돌려놔!

- 🙂 미군은 수자기를 대체 왜 약탈해 간 거람?
- 🔴 전쟁에서 승리한 기념으로 전리품 삼아서 가져갔겠지.
- 🙂 으으, 속상해. 그래도 되돌려 받아서 정말 다행.
- 🙂 다시는 이런 일을 당하지 말아야 해. 그러려면 우리가 힘을 똘똘 뭉쳐 강한 나라를 만들어야 한다고!
- 🙂 맞아! 맞아!

🙂 댓글 달기...   게시

우리도 조선의 장군이거든!

김종서 조선 전기의 장수라면 나를 빠트리면 안 돼. 최윤덕 장군이 말했잖아. 4군 6진을 설치할 때 6진을 설치한 건 나라고 말이야. 사실 최윤덕 장군과 4군 6진을 설치하고 "여긴 조선 땅이다."라고 떵떵 소리칠 때의 통쾌한 기분이라니! 최고였다고, 최고!

이종무 말타기면 말타기, 활쏘기면 활쏘기! 조선 최고의 실력을 자랑했던 나, 이종무야. 젊은 시절부터 왜구를 물리쳤는데, 쓰시마섬으로 쳐들어가서 왜구를 치라는 태종의 명령을 받고 쓰시마섬을 점령했지.

김시민 임진왜란에선 나를 빠트리면 안 돼. 들어는 봤나? 진주성 전투라고. 1592년 10월에 왜군이 대대적으로 진주성을 공격해 왔어. 당시 진주성을 지키고 있던 난 3,800여 명의 군대를 이끌고 2만 명의 왜적에 맞서 싸웠지. 물론 탁월한 용병술과 전략, 전술로 대승! 10월 5일부터 11일까지 계속된 이 전투에서 우리 조선군은 적군을 완전 진압했다고! 하하하!

정기룡 조선의 장군이라면 역시 임진왜란 때 싸운 장군들이 최고지. 나도 말이야, 임진왜란이 일어났을 때 왜군의 호남 진출을 막아 내느라 목숨을 걸고 싸웠단 말씀! 험! 그런데 1597년이 되자 또 정유재란이 일어났지 뭐야. 왜군의 북상을 저지하라는 명을 받은 나는 군사를 이끌고 고령에 방어진을 친 상태였지. 한데 왜군도 용담 천가에 진을 치고 있는 상황! 강물을 사이에 두고 적과 대치한 거야. 뭔가 묘책이 필요한 상황! 난 꾀를 내어 적을 공격하기 좋은 곳으로 유인했고, 일제히 반격을 가해 왜군을 대파했어. 이런 성과 덕분에 난 '뭍의 이순신'으로 불렸다고! 험! 험!

이억기 나도 임진왜란 때 싸운 장군이야. 비록 칠천량 해전에서 안타깝게 전사했지만, 그 전까지 이순신 장군, 원균 장군 등과 같이 왜적에 맞서 정말 열심히 싸웠다고!

신립 임진왜란이 일어나자 조정에서는 나를 삼도순변사로 임명했어. 그래서 군사를 거느리고 충주로 떠났는데, 선봉장으로 나갔던 이일이 말했지.
"왜군의 수가 대적할 수 없을 정도로 대군입니다."
아! 고민! 또 고민! 하지만 난 목숨을 걸고 싸우기로 했지. 결국 탄금대를 배수진으로 전투태세 돌입! 그야말로 목숨을 건 최후의 결전을 벌여야 하는 상황이었어. 결국 군사들과 처절히 싸우던 나는 마지막 순간, 적병의 목을 베고 물속에 뛰어들어 장렬히 전사하고 말았지.

우리도 장군으로 불렸거든! 독립군들의 대장!

독립군 대장 홍범도

나는 독립군이야.

독립군은 일본이 우리 주권을 침탈했던 일제 강점기에 나라 독립을 위해 싸운 군대야. 그 부대를 이끈 지휘자니까 나도 어엿한 장군이라 할 수 있지.

우리 독립군에는 뛰어난 명장이 많았는데, 그중 한 명이 바로 나, 홍범도야.

나는 포수 출신이야. 북청에서 포수 생활을 해서 총을 아주 잘 쏘지. 그 실력을 독립군이 되어 써먹을 줄은 꿈에도 몰랐지만 말이야. 하하하!

그런데 1907년에 일본이 어처구니없는 명령을 하네.

"조선인은 가지고 있는 총포를 모두 군에 가

봉오동 주민을 모두 대피시키자고!

져와라!"

대항할까 봐 우리 조선인들에게 총조차 못 가지게 하겠다는 술수였어.

"놈들에게 주느니, 차라리 이 총으로 나라를 위해 싸우자!"

난 동료들을 설득해 총을 내놓지 않고 산포대라는 의병 부대를 조직했어. 그리고 국경을 넘어 북간도, 연해주 등지에서 독립군을 조직했지.

내가 이끄는 우리 독립군의 활약은 대단했어. 오죽하면 "조선 빨치산 대장, 홍범도다!" 하면 일본군들이 벌벌 떨며 오줌을 질금질금 지릴 정도였겠어.

특히 봉오동 전투는 정말 대단했지.

우리 부대가 국경을 넘어 습격하자, 일본군은 대규모 부대를 동만주 지방으로 보냈어. 독립군 토벌 작전을 벌이려는 거였지.

두만강을 넘어 독립군의 근거지가 있던 봉오동으로 향해 오는 일본군!

이미 대대적인 공격이 있을 것을 예상한 난 다른 독립군들과 연합 부대를 형성했어.

그리고 작전 개시!

일단 봉오동 주민을 모두 대피시켰지.

독립군은 미리 봉오동 골짜기에 매복! 일본군이 봉오동의 좁은 골짜기 깊숙이 들어온 순간!

"공격하라!"
그야말로 게릴라식 기습 공격이었어.
전투 결과는?

일본군 사망자 157명, 부상자 200여 명
독립군 사망자 4명, 약간의 부상자 발생

캬아! 완전 승리!
봉오동 전투는 독립군이 일본 정규군을 상대로 한 전투에서 거둔 최초의 승리였어.

독립군 대장! 김좌진

나도 독립군이야. 힘이 세서 황소대장으로 불렸지.
 히야! 힘든 독립군 생활 중에 들은 봉오동 전투 소식은 얼마나 신나던지!
 "역시 홍범도 장군이군. 놈들이 이젠 우리 독립군의 힘을 알았을 거야. 하하하!"
 전투의 승리로 독립군의 사기는 올랐고, 승리할 수 있다는 자신감이 상승했지.
 한데 그 뒤가 문제였어. 패한 일본군이 그냥 있을 리 없잖아.
 "독립군을 모두 소탕하라!"
 일단은 놈들을 피하기로 했어. 나는 우리 부대를 백두산 계곡 근처의 화룡현 청산리로 이동시켰지.

그런데 이게 웬일이람. 독립군을 놓친 놈들이 조선인 마을을 불사르고 동포들을 무참히 죽인 거야. 눈에서 불이 나더라고.

"모두 힘을 모아 놈들을 몰아내자!"

나와 뜻을 함께한 독립군들이 속속 모여들었지. 홍범도 장군의 독립군도 몰려왔어.

다 모인 독립군은 3천여 명이 안 됐지. 독립군 부대로서는 최대 규모였어. 하지만 일본군에 비하면 20분의 1 수준이지 뭐야.

"철저한 작전이 필요해!"

홍범도 등 여러 장군과 머리를 맞대고 고민한 끝에 나온 건 헛소문 작전!

일단 수풀이 무성한 백운평 계곡에 매복해 있다가 계곡으로 들어서는 일본군 선발대를 향해 빵! 빵! 방아쇠를 당겼지.

그 뒤 마을 노인들을 이용해 헛소문을 퍼트린 거야.

"독립군이 무기도 제대로 갖추지 못한 채 사기가 떨어져 허둥지둥 도망쳤다지 뭐야."

"에구! 숫자로 너무 밀리니 어쩔 수가 없었겠지. 쯧쯧!"

그러자 방심한 일본군은 고작 200명의 선발대를 다시 보냈어.

물론 우리 군은 나무와 바위 뒤에 미리 숨어서 놈들을 일시에 공격!

기선 잡기 성공!

이제 본 전투가 시작될 시간! 뒤이어 도착한 일본군 본부대는 어마어마했어. 기관총을 마구 쏘아 대는 일본군! 하지만 당할 우리가 아니지.

미리 절벽 위에 숨었다가 놈들을 향해 정확하게 사격!

20배나 많은 놈들을 상대로 승리를 거두었다니까.

어때? 대단하지?

이것이 바로 홍범도 장군 등과 연합해서 이룬 청산리 대첩이야.

청산리 전투는 1920년 10월 20일부터 26일까지 10여 차례 계속되었는데, 한국 무장 독립운동 역사상 가장 빛나는 전과를 올린 대첩으로 독립 전투사에 기록되었지.

작가의 말

마음속 최고의 장군은 누구야?

    이 책엔 우리 역사에서 뜻깊은 발자취를 남긴 수많은 장군님들이 등장해요.
    모두들 "최고의 장군은 나야! 나!" 하고 소리치면서 말이에요.
    과연 어떤 장군이 최고의 장군일까요?

    여러분은 지금 최고의 장군을 결정하는 오디션에 모셔진 심사 위원들인 거예요.
    그래서 이 책은 특별한 읽기 방법으로 보아야 해요.
    일단 등장한 장군과 눈을 맞추어 살피며 그분들이 들려주는 이야기를 잘 들어 보세요.

어떤 업적을 남긴 장군이고, 어떤 재미난 이야기의 주인공이었나, 하고 말이죠.

그렇게 귀담아 듣다 보면 '아하! 이분이 최고구나.' 하는 장군이 생길 거예요.

어때요?

마음에 깊이 남는 장군님이 있나요?

그럼 그 장군에 한 표!

그런데 장군님들의 이야기를 다 듣고 나면 생각지도 못한 선물을 덤으로 받게 된답니다.

역사 속의 장군님들을 통해 우리 역사의 흐름을 알게 되었잖아요.

저절로 한반도 역사를 공부하게 된 거죠.

장군님들도 만나고 역사 공부도 하고!

그야말로 꿩 먹고 알 먹고!

자, 그럼 당신이 뽑은 최고의 장군은 누구인가요?

이향안